LIDERANÇA A DISTÂNCIA

LIDERANÇA A DISTÂNCIA

GUIA PRÁTICO PARA EXCELÊNCIA EM TIMES REMOTOS DE TI

ALBERTO CARDINALLI

Liderança a Distância. Direitos autorais © 2023 por Alberto Cardinalli

Todos os direitos reservados.

Nenhuma parte deste livro pode ser reproduzida de qualquer forma sem a permissão por escrito da editora ou do autor, exceto conforme permitido pela lei de direitos autorais dos Brasil.

Esta publicação foi elaborada para fornecer informações precisas e confiáveis com relação ao assunto abordado. Ela é vendida com o entendimento de que nem o autor nem a editora estão envolvidos na prestação de serviços jurídicos, de investimento, contábeis ou outros serviços profissionais. Embora a editora e o autor tenham envidado seus melhores esforços na preparação deste livro, eles não fazem declarações ou garantias com relação à exatidão ou integridade do conteúdo deste livro e, especificamente, se isentam de quaisquer garantias implícitas de comercialização ou adequação a uma finalidade específica. Nenhuma garantia pode ser criada ou estendida por representantes de vendas ou materiais de vendas escritos. As orientações e estratégias aqui contidas podem não ser adequadas à sua situação. Você deve consultar um profissional quando apropriado. Nem a editora nem o autor serão responsáveis por qualquer perda de lucro ou qualquer outro dano comercial, incluindo, mas não se limitando a, danos especiais, incidentais, consequenciais, pessoais ou outros.

Primeira edição 2023

ISBN: 9798324487157
Impressão: Publicação independente

ÍNDICE

DEDICATÓRIA ix
INTRODUÇÃO 1
    Um Fracasso É Um Sucesso? 1
    Trabalho Remoto: De Privilégio A Necessidade, E Agora Um Direito? 2
    Por Que Me Ouvir? 6
    Será Que Esse Livro É Para Você 7
    Como O Livro Está Estruturado 8
    Por Que Escrevi Este Livro E O Que Me Inspirou 9
    Deixe Sua Marca: Contribua Com O Diálogo 10
    Isenção De Responsabilidade 11

CAPÍTULO 1: A ASCENSÃO DO TRABALHO REMOTO 13
    O Que É Trabalho Remoto? 13
    A Luta Do Século 14
    Implicações Do Trabalho Remoto A Partir De Duas Perspectivas 17

CAPÍTULO 2: CONSTRUINDO UMA EQUIPE REMOTA 23
    Desvendando As Melhores Opções Para O Trabalho Remoto 23
    Ferramentas E Plataformas Para Contratação E Entrevistas Remotas 27
    Integração De Novos Colaboradores Para Equipes Distribuídas 30

CAPÍTULO 3: GERENCIANDO EQUIPES REMOTAS 37
    Expectativas, Limites E Acordos 37
    Ferramentas Digitais Para Impulsionar A Produtividade Da Equipe Remota 41
    Como Lidar Com Desafios Únicos E Possíveis Armadilhas 49

CAPÍTULO 4: COMUNICAÇÃO EM EQUIPES REMOTAS 52

A Importância Da Comunicação Aberta E Regular 52

Construindo O Plano De Comunicação Da Sua Equipe 54

Criando Um Contrato De Comunicação Com A Equipe 59

Em Conclusão 62

CAPÍTULO 5: COLABORAÇÃO EM EQUIPES REMOTAS 65

Os Fundamentos Da Colaboração Remota 65

Espaços De Trabalho Digitais: O Centro Da Colaboração Remota 66

O Lado Humano Da Colaboração Digital 68

Enfrentando Os Desafios Da Colaboração Remota 69

CAPÍTULO 6: COMO LIDERAR EQUIPES REMOTAS 75

Adaptando Estilos De Liderança Para Ambientes Virtuais 75

Construindo Confiança E Rapport À Distância 77

Estratégias Para Desenvolver Habilidades De Liderança Remota 78

CAPÍTULO 7: MOTIVANDO EQUIPES REMOTAS 81

Reconhecendo E Recompensando Conquistas 81

Atividades Virtuais Para Engajamento E Desenvolvimento De Equipes 82

Como Lidar Com Quedas De Moral E Prevenção De Burnout 84

CAPÍTULO 8: GESTÃO DE DESEMPENHO EM EQUIPES REMOTAS 87

Adaptando A Gestão De Desempenho Para Trabalho Remoto 87

Fornecendo Feedback Construtivo E Tratamento De Problemas De Desempenho 93

CAPÍTULO 9: CONSTRUINDO CULTURA ORGANIZACIONAL EM EQUIPES REMOTAS 96

Definindo E Implantando Valores E Missão Em Equipes Remotas 96

Promovendo O Senso De Comunidade E Pertencimento 98

Comemorando Conquistas E Marcos Da Equipe Virtualmente 100

CAPÍTULO 10: O FUTURO DO TRABALHO REMOTO 102

Tendências E Mudanças Previstas Na Cultura Do Trabalho Remoto 102

Adotando A Evolução Contínua Da Dinâmica Do Trabalho Remoto..............105

DEDICATÓRIA

A Deus, que agracia meus dias com propósito e meu trabalho com paixão, este livro é um testemunho da fé inabalável que me guia.

A minha amada esposa, cujo amor e apoio são a força silenciosa por trás de cada palavra minha - essa jornada seria incompleta sem você ao meu lado.

Aos meus filhos, que enchem minha vida de alegria e admiração sem limites, que vocês vejam nestas páginas o poder da perseverança e o valor dos sonhos perseguidos.

A minha família, as raízes das quais o trabalho de minha vida cresceu, vocês são meu santuário e meu firme incentivo.

Aos meus amigos, que me proporcionam risos e consolo, sabedoria e camaradagem, obrigado por trilharem esse caminho comigo.

E aos meus líderes, que me ensinaram o que fazer e o que não fazer - vocês me inspiraram, me desafiaram e me ajudaram a crescer.

Obrigado

INTRODUÇÃO

Um Fracasso É Um Sucesso?

Em meados dos anos 2000, depois de obter meu bacharelado em Ciências da Computação e me tornar um gerente de projetos certificado, eu estava empolgado para aplicar meus conhecimentos em um projeto desafiador no setor financeiro. O projeto consistia em criar uma plataforma customizada de software de gerenciamento de conteúdo empresarial (ECM) na Web que interagisse com hardware e tivesse o potencial de ser tornar uma importante oferta dentre as demais oferecidas pela empresa. Todas as partes interessadas, usuários finais e patrocinadores, estavam ansiosos para ver o projeto concluído. O executivo patrocinador do projeto, também um gerente de projetos certificado que desempenhava um papel de ligação entre a tecnologia e os negócios, estava particularmente interessado no projeto. Ele planejava escrever um artigo para uma publicação acadêmica apresentando-o como uma história de sucesso da metodologia de gerenciamento de projetos aplicada de maneira eficaz.

Esse era um projeto complexo e de longo prazo, com diversos componentes e pessoas envolvidas, portanto, não seria uma surpresa que problemas viessem a aparecer. No decorrer do projeto, diversos obstáculos vieram à tona. Já nos primeiros meses, foi necessário uma transição de uma equipe de consultoria para uma equipe interna, e isso foi apenas o começo. Os desafios persistiram e as frequentes mudanças de escopo, juntamente com problemas de comunicação, causaram longos atrasos, entregas parciais fora do prazo, e uma data de entrega final muito além do planejado.

Apesar de todos os obstáculos, o projeto foi bem-sucedido. A nova plataforma de software de ECM foi bem recebida pelas partes interessadas e pelos usuários finais e se tornou uma oferta nova e procurada pelos clientes. Essa experiência me ensinou muito sobre gerenciamento de projetos, e o patrocinador executivo conseguiu publicar o artigo, mas com uma reviravolta. Alguns meses após a entrega do projeto, durante uma conversa, descobri que o artigo sobre o projeto havia mudado. Ao invés desse artigo conter uma case de sucesso em gestão de projetos, mudou para o que não se deve fazer, ou seja, um conto de advertência ilustrando o custo e impacto de erros nas tomadas de decisão em projetos.

Essa revelação gerou uma infinidade de dúvidas e perguntas na minha cabeça - perguntas essas que eu só viria a responder muitos anos depois. Como por exemplo, por que a adoção de estruturas maduras de gestão não é garantia de sucesso? Ou por que dedicar tanto tempo na documentação de requisitos quando eles mudam constantemente? Entre muitas outras perguntas. Claro, eu não era experiente naquela época. Mas refletindo sobre essas perguntas e suas respostas ao longo dos anos, acabei reconhecendo uma outra constante, embora muito "inconstante": pessoas, e isso despertou em mim um novo entusiasmo.

Trabalho Remoto: De Privilégio A Necessidade, E Agora Um Direito?

Muitas equipes e empresas foram forçadas a adotar o trabalho remoto por conta da pandemia. Para algumas, o trabalho remoto não era uma ideia nova. Algumas empresas já tinham funcionários trabalhando em casa alguns dias por semana ou tinham colaboradores 100% remotos há algum tempo. Mas, para a maioria, a pandemia introduziu uma nova realidade ou paradigma.

INTRODUÇÃO

A maioria das organizações teve de implementar o trabalho remoto do zero e da noite para o dia; não havia outra opção. Pense nisso por um momento. Não se tratava simplesmente de mandar as pessoas para trabalharem de casa no dia seguinte. Foi preciso estabelecer infraestrutura necessária, disponibilizar dispositivos, discutir e implementar políticas e analisar as restrições existentes, entre outras coisas.

É claro que a pressa nessa situação apresentou muitos desafios tanto para os funcionários quanto para os empregadores. Muitos funcionários não tinham um espaço dedicado para trabalhar de casa, enquanto empregadores ficaram se perguntando o que fazer com todo o espaço vazio do escritório. Funcionários não precisam mais bater crachá, mas os empregadores ainda querem saber se eles estão "no trabalho" na hora certa.

No entanto, todo desafio também pode ser uma oportunidade, certo? O que pode ser feito com o tempo economizado com deslocamento? Para as empresas, o acesso a um pool de talentos mais amplo significa mais opções e mais competitividade. Mas calma, nem tudo é perfeito. Ambos os lados assumem muitas coisas quando o assunto é trabalho remoto. Veja abaixo algumas das mais comuns:

- Se a Maria pode trabalhar remoto, a Marta também pode.
- Trabalhar em casa é menos estressante do que trabalhar em um escritório.
- Os funcionários remotos estão sempre disponíveis, 24 horas por dia.
- As pessoas que trabalham em casa serão tão produtivas, ou até mais, em seu ambiente doméstico.
- Em um ambiente remoto, o horário de trabalho é totalmente flexível.

Mas o que acontece quando algumas dessas hipóteses não são confirmadas? É aí que surgem mal-entendidos, a confiança diminui e, de repente, são feitas tomadas de decisão sem informações concretas. É nesse momento que você pode ouvir: "O trabalho remoto não funciona; todo mundo de volta para o escritório". Mas espere um momento, qual é mesmo o problema enfrentado aqui? Eu não vou dar uma resposta direta para você. Ao invés disso, eu vou orientá-lo sobre o assunto e incentivar você a aplicar o pensamento crítico, para que você chegue às suas próprias conclusões e tome a decisão certa. Agora, reflita sobre qualquer hipótese que você tenha se deparado em relação ao trabalho remoto. Essas hipóteses condizem com a sua própria experiência com o trabalho remoto ou não?

Agora, uma boa notícia pra você: os últimos anos prepararam o terreno. Estou falando de VPNs, computadores, ferramentas de suporte remoto e muito mais. Considere este gráfico que retrata a mudança nos locais de trabalho para funcionários com capacidade remota nos EUA de 2019 a 2023.

INTRODUÇÃO

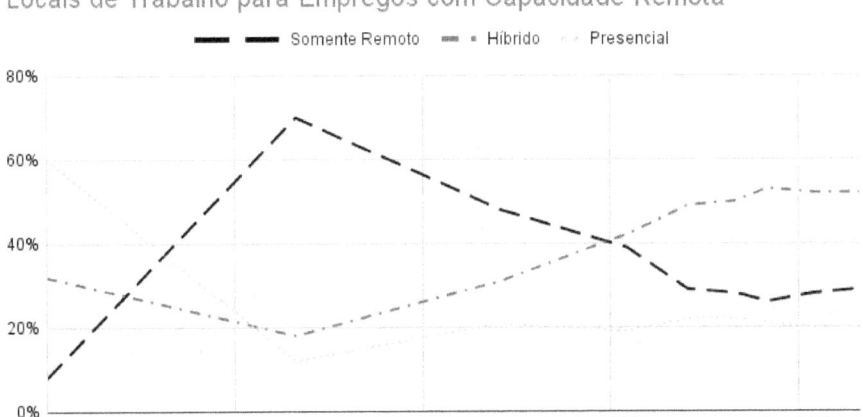

Fonte: Wigert, Ben; Harter, Jim; Agrawal, Sangeeta. "The Future of the Office Has Arrived: It's Hybrid" (O futuro do escritório chegou: é híbrido). Gallup, 9 Oct. 2023, https://www.gallup.com/workplace/511994/future-office-arrived-hybrid.aspx

Tudo bem, talvez você e sua empresa não estejam dentre os mais inovadores ou os primeiros a adotar o trabalho remoto, a pandemia forçou sua adoção para muitos. Novas ferramentas surgiram, políticas foram criadas e barreiras foram transpostas, mas muitas organizações continuam sofrendo ao invés de vencendo. Agora é a hora de se livrar dos velhos hábitos, eliminar conceitos errôneos, abraçar a mudança e obter sucesso! Sim, empresas ainda tentam trazer os funcionários de volta ao escritório ou que tentam implementar um modelo híbrido, mas, na minha opinião, não tem como voltar atrás. Porque não se trata apenas de onde o trabalho é feito, mas de como ele é feito. E isso marca uma mudança significativa em nossas visões tradicionais do trabalho. Como sua vida profissional se transformou com a mudança para o trabalho remoto? Você achou que foi uma transição suave ou uma bruta reviravolta?

Por Que Me Ouvir?

Meu primeiro contato com um computador foi com um MSX, quando eu tinha 9 anos de idade, um presente de Natal. Depois de alguns jogos e um pouco de programação com BASIC, em três anos eu estava fazendo manutenção em computadores - o que começou com a reinstalação de sistemas operacionais e outros softwares logo se transformou na substituição de componentes e, por fim, na montagem de PCs. Mas minha carreira formal em tecnologia só começou em 2002, como engenheiro de software. Nas duas décadas seguintes, explorei vários setores, exercendo funções que variam de colaborador individual a gerente, e até mesmo fundando empresas.

Ao longo dessa jornada, um elemento permaneceu consistente: as pessoas. Seja fazendo parte de pequenas startups ou de grandes empresas globais, seja trabalhando remotamente ou em um escritório, as equipes das quais fiz parte assumiram muitas formas. No entanto, estou cada vez mais convencido de que as pessoas não são apenas uma constante, mas o principal fator de sucesso ou fracasso em qualquer empreendimento.

Essa percepção, entretanto, não foi imediata. Com uma preferência por ciências exatas, eu costumava buscar explicações lógicas ou fórmulas para solucionar todos os problemas. Na escola, matérias como história e sociologia, nunca foram minha paixão, apesar de eu tirar boas notas. Mas na minha opinião, lidar com pessoas e equipes não tem nada de exato. É uma área que exige uma abordagem personalizada. A oportunidade de trabalhar com diversas equipes globais e a uma maior exposição as ciências humanas e sociais através de um programa de MBA mudaram a minha percepção. Hoje tenho um fascínio por essa arte personalizada e diferenciada de gerenciar pessoas e equipes.

Agora é a sua vez. Reflita sobre sua jornada profissional. Como suas experiências anteriores moldaram sua abordagem ao trabalho remoto?

INTRODUÇÃO

Será Que Esse Livro É Para Você

Se você trabalha na área de tecnologia - seja programando ou liderando uma equipe - e deseja aprimorar suas habilidades ou faz parte de uma equipe que adotou o modelo remoto ou híbrido, este livro tem o seu nome. E por "líder", não me refiro apenas às pessoas com "gerente disso" ou "diretor daquilo" em seus títulos. Se você é a pessoa que dá as cartas na sua equipe, o maestro do scrum ou a pessoa que toma a iniciativa de fazer as coisas andarem, você achará os insights extremamente úteis.

Mas eu não estou falando apenas de tecnologia. Alguns cenários que descrevo ou a linguagem que utilizo pode parecer ter saído diretamente de um roteiro da série "Vale do Silício", mas o conhecimento que compartilho com você nestas páginas transcende setores. Portanto, se você trabalha com operações, atendimento ao cliente, ou qualquer equipe que esteja se libertando da vida em um cubículo de escritório das 9 às 18, há algo aqui para você.

Este livro tem como objetivo ser o seu GPS no mundo do gerenciamento de equipes remotas. Você encontrará estruturas sólidas e estratégias práticas para os desafios mais comuns do trabalho remoto. Agora pense em sua função atual. Quais são os seus maiores desafios ao gerenciar ou fazer parte de uma equipe de tecnologia remota?

E como liderar equipes remotas? Trata-se de se adaptar e prosperar, não importa onde esteja a sua mesa. Os macetes e truques podem não ser tão diferentes quanto você imagina, principalmente se comparados aos utilizados na agitação do escritório. Eu vou lhe auxiliar a trazer a vibração do escritório para um ambiente remoto – a cultura, a camaradagem, e todas essas coisas boas – e ao mesmo tempo levar vantagem do fato de que, bem, você não está realmente lá. Vamos juntos redefinir o que significa "horário de expediente".

Como O Livro Está Estruturado

Este não é um livro de gerenciamento comum. Tudo bem, mas o que há de diferente, você pergunta? Bem, eu o criei para ser o seu guia prático, pronto para ser usado contra os desafios ou quebra-cabeças imediatos que você enfrenta. Por essa razão, você pode notar que ele é mais sucinto do que outras leituras sobre liderança ou gerenciamento que você já encontrou. Isso é intencional. A idéia aqui é instigar a sua curiosidade e, ao mesmo tempo, fornecer ferramentas valiosas que vamos utilizar nessa nossa jornada, juntos.

Vamos mapear nossa jornada. Começaremos desvendando a revolução do trabalho remoto no Capítulo 1, preparando o terreno para o "porquê" do modo de operação atual da sua equipe. Este capítulo não trata apenas da evolução; trata-se de entender todo o espectro - os aspectos bons, os não tão bons e os absolutamente desafiadores aspectos do trabalho remoto e no escritório, e os catalisadores que nos empurraram para a era do trabalho remoto.

Os Capítulos 2 e 3 tratam da criação e da orientação da sua equipe remota, oferecendo uma visão geral dos elementos fundamentais. Ao percorrermos os Capítulos 4 a 8, analisaremos o que considero os pilares de qualquer equipe bem-sucedida, tudo pelo prisma da interação remota.

Aproximando-se do final, os Capítulos 9 e 10 se aprofundam em áreas que poderiam muito bem ter sua própria série de volumes. Investigaremos a essência da cultura de equipe: sua importância, como decifrar o DNA cultural de sua equipe e maneiras de enriquecê-lo. Em seguida, analisaremos o futuro do trabalho remoto, considerando como a crescente tecnologia de IA está pronta para redefinir nossa trajetória nesse espaço.

INTRODUÇÃO

Como criei este livro para ser uma referência à qual você voltará, não há necessidade de ser linear. Ao ler os capítulos a seguir, considere quais aspectos do trabalho remoto você está mais ansioso para explorar e por quê. Se a motivação da sua equipe estiver diminuindo, pule direto para o Capítulo 7, Motivando equipes remotas. Ou, se a comunicação estiver se tornando um obstáculo, o Capítulo 4, Comunicação em equipes remotas, é onde você vai querer se aprofundar.

Por Que Escrevi Este Livro E O Que Me Inspirou

As sementes para este livro foram plantadas em meus primeiros dias de programação no Brasil. Eu costumava andar com o que chamamos de guias de referência de bolso - alguns pareciam livros de bolso, outros eram pedaços de papel de maior espessura, dobrados em cinco partes. Por exemplo, imagine um guia para HTML: um conjunto conciso de tags, atributos e exemplos de blocos de código. Era uma ferramenta indispensável, que me oferecia o "o quê", o "como" e o "quando" em um piscar de olhos.

Este livro se baseia exatamente nesse conceito. Minha experiência de liderança foi ampliada durante a pandemia, quando recebi a tarefa de dirigir uma equipe de operações de negócio, não relacionada a tecnologia. À medida que eu navegava pelos obstáculos do trabalho remoto, ficou claro que os desafios eram semelhantes aos encontrados pelas equipes de tecnologia. Essa percepção foi consolidada ainda mais durante minha participação em mesas-redondas, nas quais aconselhei organizações que enfrentavam as complexidades do gerenciamento de equipes remotas. Essas interações evidenciaram a necessidade de um guia universal, que pudesse atravessar a incerteza do trabalho remoto como um farol em meio à névoa. Assim, surgiu este guia, meticulosamente moldado para orientá-lo em direção a estratégias eficazes e fornecer-lhe um kit de ferramentas robusto para dominar as particularidades do trabalho em equipe remoto.

Este volume é a sua bússola na jornada iterativa do gerenciamento de equipes. Ele fornecerá uma estrutura, sugerirá ferramentas e indicará o que fazer e o que não fazer, complementado por um conjunto de recursos adicionais. Mas tenha em mente que não existe uma solução única para todos os casos. Gerenciar equipes não é um reino de absolutos. A dinâmica das pessoas e das equipes é tão variada quanto complexa - em constante mudança, em constante evolução. Porque o fato é o seguinte: as pessoas são diversas. As equipes são dinâmicas. E VOCÊ? Você é distinto. Este livro está aqui para honrar essa singularidade e orientá-lo na formação de uma equipe que seja tão singular quanto você.

INTRODUÇÃO

Deixe Sua Marca: Contribua Com O Diálogo

Parabéns por dar esse salto e mergulhar neste livro - é aqui que nosso diálogo começa. Meu convite para você vai além das páginas que está virando: seja curioso, envolva-se com as táticas que apresentei e, mais importante, coloque-as em prática. O verdadeiro valor está em fazer: experimente, obtenha feedback e refine. A dinâmica da sua equipe, a cultura da sua organização e as pessoas com quem você trabalha - essas são as variáveis exclusivas da sua equação. O contexto de ninguém mais corresponderá perfeitamente ao seu. Pare por um momento para pensar no que significa para você ter sucesso no gerenciamento de equipes remotas. Quais são os principais resultados que você espera alcançar?

E nossa conversa não precisa terminar aqui. Estou ansioso para me conectar com você, para aprender com suas experiências e percepções ao navegar no cenário do trabalho remoto. Compartilhe suas histórias e lições comigo e com seus colegas leitores por meio do site do livro em www.beyondtheofficewalls.co e @beyondtheofficewalls no Instagram, TikTok, Twitter e YouTube. Vamos enriquecer esse diálogo juntos, comemorando os sucessos e aprendendo com os obstáculos. Como você e sua equipe prosperam no ambiente remoto é uma narrativa que estou ansioso em acompanhar. Junte-se a nós e vamos mapear juntos esse território inexplorado.

Isenção De Responsabilidade

Ao longo deste livro, faço referência e discuto várias ferramentas de software, plataformas e recursos que usei pessoalmente ou que encontrei em minha jornada profissional. Gostaria de esclarecer que não sou afiliado, patrocinado ou endosso nenhuma dessas ferramentas ou das empresas que as desenvolvem. Minha menção a esses produtos é apenas para fins ilustrativos e para compartilhar minhas experiências com eles no contexto do trabalho remoto. A eficácia ou a adequação dessas ferramentas para sua situação pode variar, e recomendo que você faça a devida diligência e considere várias opções antes de tomar qualquer decisão sobre seu uso.

CAPÍTULO 1: A ASCENSÃO DO TRABALHO REMOTO

O Que É Trabalho Remoto?

Se você está no mundo da tecnologia, é provável que já tenha se deparado com o trabalho remoto. Seja em tempo integral, em tempo parcial, como funcionário ou como autônomo por meio de freelancer ou consultoria, os desenvolvedores, em particular, parecem ter sido um dos primeiros a se beneficiar dessa tendência. Por que eles foram os primeiros? É simples, pense nisso: a estação de trabalho de um desenvolvedor - completo com documentação, ferramentas e código-fonte - está totalmente contida em seu computador. Mas chegar a esse ponto não foi isento de desafios. Obstáculos como a confiabilidade da rede, o advento da computação em nuvem e o surgimento dos computadores portáteis tiveram que ser superados.

Agora, vamos dar um passo atrás e definir nossos termos. O trabalho remoto, também conhecido como telecomutação, trabalho em casa ou trabalho distribuído, envolve a realização de suas tarefas fora dos limites de um escritório tradicional. Isso pode ser feito em um escritório em casa, em um espaço de coworking, em um café local - em qualquer lugar com uma conexão decente com a Internet. Mas se retirarmos a tecnologia, esse conceito, o trabalho "de casa" não é algo que os artesãos, fazendeiros e artesãos da era pré-industrial praticavam diariamente? A modalidade em si não é nova; a nossa associação da mesma com os recentes avanços tecnológicos é que é.

Antes de a era digital catalisar a revolução do trabalho remoto, já havia experimentos de telecomutação desde a década de 1970, geralmente como planos de contingência durante crises como o embargo do petróleo. Com o boom dos computadores pessoais e o surgimento da Internet, profissionais de TI, designers, redatores, consultores e muitos outros começaram a se desvincular do escritório tradicional. Essa mudança ganhou impulso à medida que freelancers de todo o mundo começaram a atender clientes globalmente, graças a plataformas como Fiverr e Upwork, moldando esse novo modelo econômico conhecido como "gig economy" nos Estados Unidos.

No entanto, foi a pandemia da COVID-19 que realmente democratizou o trabalho remoto, obrigando setores de todos os tipos a se adaptarem a esse modelo por necessidade.

Essencialmente, a viabilidade do trabalho remoto hoje decorre de dois fatores críticos: a transição do trabalho para atividades baseadas no conhecimento que são inerentemente menos vinculadas ao local e os avanços notáveis na tecnologia e na infraestrutura que o apóiam.

Com esse pano de fundo, vamos nos aprofundar nas implicações do trabalho remoto para empregadores e funcionários, e como ele está remodelando o cenário profissional. Mas primeiro...

A Luta Do Século

Estou sugerindo aqui que o trabalho remoto é um tópico para um longo debate, uma disputa acirrada ou uma altercação furiosa. Mas realmente é, veja isso.

UMA MÚSICA INSTRUMENTAL EMPOLGANTE E DE RITMO ACELERADO COMEÇA A TOCAR AO FUNDO. A CÂMERA DÁ UM ZOOM EM UM RINGUE DE BOXE BEM ILUMINADO. DOIS LUTADORES, UM GRANDE E IMPONENTE COM "CORPORAÇÃO SEM CORAÇÃO" ESTAMPADO NAS COSTAS DE SEU MANTO E OUTRO, MENOR, MAS ÁGIL, COM "ZÉZINHO" ESCRITO EM SEU TRAJE, SE ENCARAM, AGUARDANDO O GONGO.

Comentarista: "Senhoras e senhores! Temos uma luta eletrizante hoje à noite entre Corporação Sem Coração e Zézinho, e eles estarão se enfrentando sobre o sempre controverso tópico do trabalho remoto!"

DING DING!

Comentarista: "E soa o gongo! Corporação Sem Coração já avança com um poderoso gancho de direita, tentando mandar Zézinho de volta para o escritório, quero dizer, para o canto do ringue!"

Zézinho se esquiva rapidamente, evitando por pouco o golpe, e contra-ataca com um golpe rápido, enquanto grita "Aqui é flexibilidade!".

Comentarista: "Ooh! Esse é um ponto para o Zé! Todo mundo sabe o quanto os funcionários remotos adoram a flexibilidade."

Corporação Sem Coração, um pouco atordoado, recupera o equilíbrio e olha para o lado por um momento, mas não tinha ninguém no corner. Zézinho faz a mesma coisa, e também não vê ninguém! Eles concordam com um aceno de cabeça sobre a "Falta de apoio e recursos" disponíveis esta noite.

Comentarista: "Jogadas inteligentes da Corporação Sem Coração! Contratar de qualquer lugar certamente amplia as opções. Mas espere! Zézinho está voltando com os golpes 'Custos reduzidos' e 'Nenhum deslocamento'. Essas são algumas vantagens fortes!"

A Corporação Sem Coração tropeça, mas volta com força com "Desafios na Comunicação". Zézinho o desvia com "Equilíbrio entre vida profissional e pessoal" e, cara, que equilíbrio, mas pera aí, ele é atingido novamente por Corporação Sem Coração com "Preocupações com a segurança"!

Comentarista: "Esse é um ponto sólido de Corporação Sem Coração! A segurança cibernética e as violações de dados são preocupações reais quando os funcionários trabalham remotamente."

Zézinho se livra do golpe e lança um golpe baixo, "Satisfação no trabalho". Corporação Sem Coração parece atordoado, mas revida com " Potencial para dificuldades de colaboração".

Comentarista: "É uma luta de vai e volta, pessoal! Ambos têm seus pontos fortes e fracos. É de roer as unhas!"

Quando a rodada se aproxima do fim, Zézinho solta um poderoso gancho, simbolizando o "Suporte global 24x7". É um golpe direto! Mas assim que o sino toca, Corporação Sem Coração dá um soco que representa "Falta de supervisão".

Comentarista: "E esse é o fim do primeiro round! Uau, que round. Ambos os lutadores mostrando as complexidades do debate sobre o trabalho remoto."

A MÚSICA DESAPARECE E A CÂMERA FOCA NOS DOIS LUTADORES, RECUPERANDO O FÔLEGO E SE PREPARANDO PARA O PRÓXIMO ROUND.

Comentarista: "Fiquem atentos, pessoal! Esse debate não vai desaparecer tão cedo, e esses lutadores também não. Quem sairá por cima? Só o tempo dirá."

Implicações Do Trabalho Remoto: Os Dois Lados da Moeda

O conceito de ganhar às custas da perda do outro pode ser verdadeiro em cenários de soma zero, mas o trabalho remoto desafia essa noção, exigindo uma relação mais simbiótica entre empregadores e empregados. Enquanto nos preparamos para nos aprofundar nas vantagens e desvantagens que o trabalho remoto traz para ambas as partes, vamos primeiro considerar a ilustração a seguir. Ela apresenta um roteiro dos impactos multifacetados que serão explorados em mais detalhes. Reserve um momento para se familiarizar com o resumo visual abaixo (Figura 1) antes de embarcarmos em uma exploração mais profunda de cada ponto.

Figura 1. *Implicações do trabalho remoto. Observação: criado pelo autor*

Vantagens compartilhadas

Economia de custos: Tanto os empregadores quanto os funcionários encontram alívio financeiro com o trabalho remoto. Os empregadores economizam em custos gerais, como espaço de escritório e serviços públicos, enquanto os funcionários reduzem os custos de deslocamento e as despesas diárias. De acordo com um relatório da Upwork, os trabalhadores que se deslocavam de carro antes da pandemia economizaram cerca de US$ 4.350 em 2021[1]. Esse benefício mútuo pode aumentar a satisfação no trabalho e o moral geral da empresa.

---

[1] Ozimek, A. Dr. One Year Remote. Upwork, 2021. https://www.upwork.com/mc/documents/Upwork_Report_One_Year_Remote_March_2021.pdf (17 de novembro de 2023)

Aumento da produtividade: Vários estudos, como os realizados pela Owl Labs (2022), sugerem que os funcionários que trabalham remotamente se sentem mais produtivos[2]. Esse aumento é atribuído a menos interrupções no local de trabalho e à flexibilidade de trabalhar em horários que se encaixam no pico de produtividade de um indivíduo. Os empregadores se beneficiam diretamente disso fato por meio do aumento de produção e maior qualidade do trabalho.

Impacto ambiental: A diminuição dos deslocamentos diários e a menor necessidade de grandes espaços de escritório podem levar a uma redução significativa das emissões de carbono e do consumo de energia, contribuindo para os esforços de sustentabilidade ambiental.

Desvantagens compartilhadas

Comunicação e colaboração: A falta de interação face a face pode levar a obstáculos de comunicação, mal-entendidos, menos trocas espontâneas de ideias ou atrasos na solução de problemas.

Acesso a recursos: Ambas as partes podem enfrentar desafios no acesso ao suporte imediato, seja orientação gerencial ou assistência de TI. É fundamental encontrar maneiras de fornecer suporte abrangente remotamente.

Cultura e formação de equipes: Cultivar a cultura da empresa e a coesão da equipe torna-se mais desafiador em um ambiente remoto, o que pode afetar o moral e o envolvimento dos funcionários.

---

[2] Owl Labs. State of Remote Work. 2022. Acessado em 17 de novembro de 2023. https://owllabs.com/state-of-remote-work/2022

Vantagens para o empregador

Acesso a talentos: Os empregadores podem acessar um pool global de talentos, não limitado por restrições geográficas, aumentando as chances de encontrar habilidades altamente especializadas.

Redução do absenteísmo: A programação flexível significa que os funcionários estão menos propensos a tirar dias inteiros de folga para assuntos pessoais que exigem apenas algumas horas, o que resulta em menos tempo de trabalho perdido.

Satisfação no trabalho: A autonomia e a flexibilidade no trabalho remoto podem levar a funcionários mais felizes, mais engajados, produtivos e leais à empresa.

Desvantagens para o empregador

Preocupações com a segurança: Trabalhar fora da rede segura do escritório pode introduzir vulnerabilidades, exigindo políticas robustas de segurança de TI para o trabalho remoto.

Falta de supervisão: A falta de presença física dificulta a supervisão e o monitoramento tradicionais, o que pode afetar a produtividade, a responsabilidade e os processos de tomada de decisão, como promoções.

Vantagens para os funcionários

Redução ou ausência de deslocamento para o trabalho: A economia de tempo e estresse ao eliminar o deslocamento diário contribui para uma melhor qualidade de vida em geral.

Melhor equilíbrio entre trabalho e vida pessoal: A flexibilidade de organizar o trabalho de acordo com a vida pessoal permite hobbies, tempo para a família e crescimento pessoal.

Mais flexibilidade: Os funcionários podem criar horários que se ajustem melhor às suas necessidades individuais e familiares, promovendo um senso de controle sobre seu trabalho.

Desvantagens para os funcionários

Dependência excessiva da tecnologia: O trabalho é totalmente dependente da tecnologia, o que faz com que as interrupções ou falhas causem transtornos significativos.

Distrações: Os ambientes domésticos podem introduzir diferentes distrações que podem ser tão perturbadoras quanto as do escritório, se não forem gerenciadas adequadamente.

Isolamento e esgotamento: A indefinição entre os limites do trabalho e da vida pessoal pode levar ao esgotamento, e a falta de interação social pode causar sentimentos de isolamento e afetar a saúde mental.

Conclusão

O trabalho remoto, como você pode ver, oferece inúmeros benefícios, mas também vem com seu próprio conjunto de desafios para empregadores e funcionários. A eficácia do trabalho remoto pode depender muito da natureza do trabalho, das preferências do indivíduo e da estrutura de suporte da organização.

De modo geral, os benefícios do trabalho remoto superam os desafios. O trabalho remoto é uma tendência que veio para ficar e é algo que tanto os funcionários quanto os empregadores devem adotar. Muitas organizações e indivíduos encontraram maneiras de atenuar esses problemas estabelecendo limites claros, investindo nas ferramentas certas, promovendo interações sociais virtuais e criando uma rotina diária estruturada. E é por isso que escrevi este livro.

CAPÍTULO 2: CONSTRUINDO UMA EQUIPE REMOTA

Desvendando As Melhores Opções Para O Trabalho Remoto

A era digital virou o escritório, ou o local de trabalho, de cabeça para baixo. Com o trabalho remoto se tornando cada vez mais comum, as empresas precisam descobrir como fazê-lo funcionar em um ambiente totalmente remoto ou híbrido. Um dos maiores desafios para as empresas que adotaram a opção híbrida remota é descobrir quais trabalhos podem ou não ser feitos remotamente. Para as organizações que optaram pela opção totalmente remota, o desafio muda de "quem" e "o quê" (já que todas as funções são remotas) para o "como". Em ambos os cenários, o sucesso do trabalho remoto depende da implementação de práticas de colaboração eficazes e escolha das funções adequadas. As nuances do "como" serão detalhadas nos próximos capítulos, mas, por enquanto, vamos examinar o "o quê" e o "quem".

Avaliando Funções Adequadas Para o Trabalho Remoto

Para descobrir quais empregos são bons para o trabalho remoto, primeiro precisamos considerar a natureza das tarefas envolvidas. Os trabalhos que dependem principalmente de recursos on-line, comunicação digital e foco individual geralmente podem ser realizados remotamente sem problemas. Por exemplo, um desenvolvedor de software que precisa principalmente de um computador, conexão com a Internet e ferramentas de software específicas pode fazer seu trabalho de casa com a mesma eficiência que em um escritório atualmente. Por outro lado, um técnico de laboratório que precisa de equipamentos especializados e amostras físicas pode achar impossível trabalhar remotamente.

Frequência de Interação e Exigências de Colaboração

O grau de colaboração necessário também influencia a viabilidade remota de uma função. Os trabalhos que exigem muita colaboração podem parecer difíceis de serem realizados remotamente em um primeiro momento. Porém, avanços tecnológicos nas ferramentas de colaboração tornaram viável o funcionamento remoto até mesmo dos trabalhos que exigem muito trabalho em equipe. Por exemplo, as equipes de marketing que precisam fazer brainstorming podem usar quadros brancos virtuais e ferramentas de videoconferência. Por outro lado, funções como análise de dados, em que a maior parte do trabalho é feita de forma independente, podem ser facilmente realizadas remotamente.

Presença Física e Envolvimento com Cliente

Alguns trabalhos exigem que você esteja em um local específico, o que dificulta o trabalho remoto. Por exemplo, se você trabalha na área de produção, precisa estar no chão de fábrica. E se você é um profissional da área de saúde que oferece cuidados práticos, não é possível fazer isso de casa. Entretanto, a crescente aceitação de reuniões virtuais permitiu que uma gama maior de funções fosse desempenhada remotamente. Argumentos de vendas, negociações de contratos e até mesmo importantes reuniões de conselho de administração podem ser feitas on-line. No entanto, ainda existem funções específicas em que o envolvimento presencial é insubstituível, principalmente se envolve o desenvolvimento de uma conexão pessoal ou, por exemplo, a demonstração de algo físico.

Flexibilidade e Autonomia

As funções que exigem muita independência e flexibilidade são perfeitas para o trabalho remoto. Por exemplo, escritores, designers e pesquisadores geralmente precisam de longos períodos de tempo sem interrupções, algo que o trabalho remoto pode proporcionar mais facilmente. A flexibilidade de escolher seu próprio ambiente, seja uma sala silenciosa ou uma cafeteria, também pode ajudá-los a serem mais produtivos e criativos.

Tendências Culturais e da Indústria

As mudanças culturais e as tendências da indústria também desempenham um papel importante. Os setores de tecnologia, por exemplo, foram pioneiros na adoção do trabalho remoto, graças à natureza digital de suas operações. Da mesma forma, as startups e as empresas mais jovens, não sobrecarregadas pelas normas tradicionais de escritório, foram mais rápidas na adaptação. Por outro lado, os setores enraizados em ambientes de trabalho tradicionais, como o setor bancário ou jurídico, podem achar a mudança mais lenta, embora não impossível.

Em resumo, não existe uma resposta única para a pergunta sobre quais funções são adequadas para o trabalho remoto. Isso depende de uma série de fatores, incluindo as funções específicas do cargo, o setor e a cultura da empresa. À medida que o trabalho remoto se tornar mais comum, provavelmente veremos ainda mais funções que podem ser exercidas em casa. Mas é importante garantir que qualquer transição para o trabalho remoto seja feita com cuidado e atenção, de modo a beneficiar tanto a empresa quanto seus funcionários.

Ferramentas E Plataformas Para Contratação E Entrevistas Remotas

Em um mundo cada vez mais globalizado e conectado digitalmente, o processo de contratação evoluiu drasticamente. A contratação remota, que antes era antes considerado um nicho, agora se tornou popular, impulsionada pelos avanços tecnológicos e pela pura necessidade imposta por desafios globais como a pandemia da COVID-19. À medida que as empresas se direcionam para esse modelo, as ferramentas e plataformas certas se tornam fundamentais. Vamos analisar as ferramentas essenciais e como elas transformaram o cenário do recrutamento remoto.

Sites de Emprego Dedicados Para Cargos Remotos

Antes de entrarmos nos detalhes do processo de entrevista, é importante mencionar a importância dos sites de empregos especializados para trabalho remoto. Plataformas brasileiras como Remotar e Jobatus, ou estrangeiras como WeWork Remotely e Remote.co se tornaram locais de referência para empresas que buscam encontrar pessoas talentosas que sejam especificamente adequadas ao trabalho remoto. Essas plataformas têm um duplo benefício: atraem candidatos que já estão predispostos ou têm experiência com trabalho remoto e atuam como núcleos para empresas que estão realmente comprometidas em oferecer cargos remotos, mas isso não significa que você não encontrará oportunidades de trabalho remoto em outras plataformas populares como LinkedIn ou Indeed.

Plataformas de Videoconferência

Obviamente, as chamadas de vídeo são imprescindíveis para entrevistas remotas (e para o trabalho remoto em sim). Sem interações presenciais, plataformas como Zoom, Microsoft Teams e Google Meet se tornaram essenciais. Elas reproduzem muito bem as nuances das conversas presenciais, permitindo dicas visuais, apresentações e comunicação em tempo real. Aqui está uma descrição rápida do que algumas opções no mercado oferecem:

Zoom: Conhecido por sua confiabilidade e simplicidade, o Zoom oferece recursos como salas de descanso, planos de fundo virtuais e opções de gravação, facilitando processos de entrevista multifacetados.

Microsoft Teams: Integrado perfeitamente com outras ferramentas do Microsoft Office, o Teams é ideal para empresas que já investiram no ecossistema da Microsoft, fornecendo uma plataforma unificada para colaboração e entrevistas.

Google Meet: Parte do pacote Google Workspace, o Meet oferece agendamento fácil por meio do Google Calendar, legendas ao vivo e uma interface simples.

Ferramentas para Avaliação de Habilidades

Com a contratação remota, os métodos tradicionais de entrevista podem ser um problema. É aí que entram as plataformas de avaliação de habilidades on-line. Ferramentas como Codility, HackerRank e Vervoe permitem que os empregadores testem as habilidades técnicas, simulem tarefas do mundo real e até mesmo avaliem as habilidades interpessoais. Essas plataformas garantem que, mesmo que os candidatos estejam longe, você ainda possa ter uma boa noção de suas habilidades.

Ferramentas para Interação e Colaboração Online

As entrevistas nem sempre precisam ser apenas sessões de perguntas e respostas. Para funções que exigem criatividade, solução de problemas ou trabalho em equipe, as plataformas interativas podem ser úteis. Ferramentas como o Miro ou o MURAL oferecem quadros brancos virtuais que podem ser usados para sessões de brainstorming, análise SWOT ou até mesmo sprints de design. Elas imitam a sensação de um espaço de trabalho físico, de modo que os entrevistadores podem ter uma noção em tempo real das habilidades de colaboração, criatividade e capacidade de resolução de problemas do candidato.

Sistemas de Rastreamento de Candidatos (ATS)

Contratar um grande número de pessoas pode dar muito trabalho. Você precisa gerenciar candidaturas, agendar entrevistas e acompanhar todos os processos e candidatos. Se você se candidatou a um emprego recentemente, é bem provável que tenha interagido com um Sistema de Acompanhamento de Candidatos (ATS) sem perceber. Plataformas de ATS como Greenhouse, Lever e Workable simplificam o processo de contratação, automatizam tarefas repetitivas e fornecem análises para ajudar empresas a refinar suas estratégias de recrutamento. Elas são especialmente importantes para a contratação remota, em que o volume de inscrições pode ser muito maior devido ao maior número de candidatos em potencial.

Para resumir, a contratação remota é um campo novo e em evolução que exige um conjunto diferente de ferramentas. As plataformas certas podem ajudar as empresas a replicar o processo de contratação tradicional e, ao mesmo tempo, aproveitar as oportunidades exclusivas que o trabalho remoto oferece, como um pool de talentos mais amplo, agendamento flexível e uma base de candidatos mais diversificada. À medida que o trabalho remoto se tornar mais popular, essas ferramentas se tornarão cada vez mais importantes no futuro do recrutamento.

Integração De Novos Colaboradores Para Equipes Distribuídas

Um processo de integração de colaboradores remotos bem-sucedido é semelhante a uma primeira impressão - ele estabelece a base para a experiência do funcionário com a empresa. Ele pode definir o tom de toda a experiência do funcionário em uma organização. E você, relembrando sua(s) experiência(s) de integração, do que você se lembra? O que vem a sua cabeça? Acho que o famoso tour pelo escritório, um pacote de boas-vindas ou talvez aquele laptop que ainda não estava pronto para ser usado podem ser algumas dessas lembranças. Em um ambiente de trabalho remoto, onde não há interações face a face, causar uma boa primeira impressão é ainda mais importante. É por isso que é fundamental ter um processo de integração estruturado e bem pensado.

O Kit de Boas-Vindas (digital)

A iniciação de cada funcionário começa com a compreensão da essência da organização.

Visão geral da organização: Vá além do básico. Dê aos novos colaboradores um mergulho profundo na história, nos marcos, na posição no setor, na visão e nos valores da sua empresa. Use vídeos, depoimentos, e se puder até mesmo experiências de realidade aumentada para dar vida à sua empresa.

Documentação específica da função: É mais do que apenas uma descrição do cargo. Crie guias interativos que detalhem as tarefas cotidianas dos novos contratados, os objetivos de curto e longo prazo e os possíveis pontos de colaboração com outros departamentos.

Integração técnica: Em um ambiente remoto, a tecnologia é a ponte. Certifique-se de que os novos colaboradores estão habituados a todos os softwares e ferramentas que usarão. Isso inclui plataformas de comunicação, ferramentas de gerenciamento de projetos e qualquer software específico da função. Considere a possibilidade de incorporar tutoriais em vídeo, perguntas frequentes e guias de solução de problemas ao seu kit de boas-vindas.

Emulando o Físico: O Tour pelo Escritório Virtual

Embora as ferramentas digitais sejam eficientes, a necessidade de conexão é fundamental para os seres humanos. Os tours virtuais podem servir como uma ponte ou ferramenta para emular para esse tipo de situação.

Apresentações da equipe: Estabeleça uma série de chamadas de vídeo para que os novos contratados possam se reunir com membros individuais da equipe ou com departamentos. O Personal Map[3] criado pelo Management 3.0 é uma ótima ferramenta para ajudar sua equipe a conhecer novos colaboradores. Incentive também os bate-papos informais para ajudá-los a ir além do tema "trabalho". Isso replica o antigo ato de andar pelo escritório batendo nas portas com seu chefe e/ou colega.

Navegação no espaço de trabalho digital: Da mesma forma que você mostraria um escritório físico a alguém, indicando as instalações e as vantagens, sugiro que você faça um tour pelos seus espaços de trabalho digitais aos novos contratados. Isso pode incluir unidades compartilhadas, plataformas colaborativas ou até mesmo a intranet da empresa.

---

[3] Appelo, Jurgen. Personal Maps. Management 3.0, https://management30.com/practice/personal-maps/ (16 de novembro de 2023).

O Sistema de Camaradagem e Mentores: Criando Conexões

O possível isolamento em ambientes remotos pode ser assustador para os novos contratados.

Sistema de amigos personalizado: Sou um grande fã do sistema de amigos (buddy system). Um sistema de amigos personalizado vai além de apenas ter alguém para responder às suas perguntas relacionadas ao trabalho. Trata-se de criar o tipo de relacionamento orgânico, entre mentor e mentorado, que se forma naturalmente em ambientes físicos. Ao escolher os amigos, considere não apenas o conhecimento da função deles, mas também as habilidades interpessoais; se possível, escolha alguém da mesma equipe.

Programas de mentoria: Para funções mais sênior ou especializadas, é útil ter um programa de mentoria estruturado. Isso significa ter reuniões individuais regulares com seu mentor, receber feedback sobre seu trabalho, estabelecer metas em conjunto e discutir o progresso de sua carreira.

Reforçando a Comunicação: Check-ins Virtuais Regulares

O alicerce das equipes remotas bem-sucedidas é a comunicação robusta, eficaz e intencional. Dediquei um capítulo inteiro a isso, portanto, o que você vê abaixo está relacionado apenas à integração.

Check-ins na fase inicial: Os check-ins de novos contratados são muito importantes, especialmente durante as primeiras semanas. Elas dão aos novos funcionários a chance de expressar quaisquer preocupações, pedir esclarecimentos sobre qualquer coisa que não entendam e obter feedback sobre como estão se saindo.

Mecanismos de feedback: Implemente ferramentas ou plataformas em que o feedback contínuo possa ser compartilhado. Essa via de mão dupla garante que os novos contratados conheçam suas áreas de melhoria e seus pontos fortes e, ao mesmo tempo, permite que eles compartilhem o feedback de sua experiência de integração, para que você possa iterar seu processo com base nele. É um ganha-ganha para todos!

Ampliando Habilidades: Treinamento Interativo

Um componente fundamental da integração é garantir que o funcionário esteja equipado com as habilidades necessárias. Na minha opinião, essa é a etapa mais desafiadora do processo. Como manter os novos contratados motivados com o e-learning? Tornando-o mais interativo e divertido, mas como?

Caminhos de treinamento personalizados: Usando plataformas como Coursera, Udemy ou um sistema de gestão de aprendizado (LMS) proprietário, faça a curadoria dos caminhos de treinamento. Combine módulos obrigatórios com eletivos, permitindo que os funcionários tenham alguma autonomia em sua jornada de aprendizado, criando também oportunidades de interagir com membros da equipe durante o processo.

Avaliações e gamificação: Testes periódicos e um sistema de pontos gamificado (talvez com um placar e prêmios?) podem tornar o aprendizado interativo e divertido, criar uma competição saudável e aumentar a retenção.

Recapitulando, a integração de novas contratações em um ambiente remoto é um delicado ato de equilíbrio. Requer um planejamento cuidadoso, as ferramentas certas e muita empatia. O objetivo é garantir que os novos contratados se sintam integrados, equipados e capacitados, para que possam começar a trabalhar e construir um relacionamento de longo prazo com sua empresa. Boa sorte!

CAPÍTULO 3: GERENCIANDO EQUIPES REMOTAS

"LIDERANÇA TEM A VER COM IR A ALGUM LUGAR. SE VOCÊ E SEU PESSOAL NÃO SABEM PARA ONDE ESTÃO INDO, SUA LIDERANÇA NÃO IMPORTA." - KENNETH H. BLANCHARD

No cenário do trabalho remoto, o gerenciamento de equipes exige uma abordagem diferente, que reconheça os desafios exclusivos e aproveite as oportunidades apresentadas pela comunicação virtual, uma tomada de decisões descentralizada e a necessidade de confiança inabalável. Este capítulo explora as estratégias que não apenas manterão as equipes remotas operacionais, mas também as ajudarão a florescer e a manter um senso de unidade.

Expectativas, Limites E Acordos

Sem o benefício da supervisão física, estabelecer claras expectativas e limites é crucial - é como definir uma bússola de navegação para os membros da equipe remota. Isso garante que todos não apenas estejam alinhados, mas também entendam suas funções, resultados esperados (ou entregáveis), e responsabilidades. Vamos analisar esses elementos essenciais.

Clareza

A clareza previne confusão. Funções, responsabilidades e resultados são compreendidos por todos? Será que está claro o que precisa ser concluído hoje, na semana que vem e no próximo mês? Estabelecer prioridades é fundamental. Quando todos estão cientes do que é esperado, é mais fácil manter o foco e a produtividade.

Ecoando o sentimento de Kenneth H. Blanchard, se houver incerteza sobre o destino, a importância da liderança diminui. As metas devem ser claras e bem documentadas, acessíveis a todos os membros da equipe e refletir os objetivos mais amplos da organização.

Certifique-se de que sua equipe remota esteja alinhada com o seguinte:

Propósito: Por que o projeto é necessário? Quais são as implicações comerciais de abordar ou ignorar esse problema?

Problema: Qual é exatamente o problema e onde ele se manifesta?

Pessoas: Quem está sendo afetado por esse problema e quem não está?

Cronograma: Quais são os cronogramas do projeto, incluindo datas de entrega (fixa e/ou flexível), e quais fatores influenciam essas datas?

Metodologia: Quais são as suposições que estamos fazendo e quais são as restrições a que estamos sujeitos?

Vamos analisar esse aspecto fundamental do gerenciamento de equipes remotas.

Comunicando A Visão de Longo Prazo

Para projetos de longo prazo, seja empregando o gerenciamento de projetos tradicional ou metodologias ágeis, comunicar a visão dos mesmos de maneira clara é vital. Utilize Project charters, casos de negócios ou documentos de uma página, como pôsteres de projeto[4] ou experience canvas. Os OKRs (Objectives and Key Results) também são recomendados para medir o progresso e facilitar o aprendizado e serão discutidos com mais detalhes no Capítulo 8, Gestão de desempenho em equipes remotas.

Detalhando as Tarefas de Curto Prazo

Para projetos que seguem a metodologia "waterfall" (cascata), uma fase completa de documentação de requisitos irá produzir requisitos funcionais e não funcionais, além de definir o escopo do seu projeto. Uma WBS (work-breakdown structure) e/ou um documento de requisitos de negócios fornecerá os detalhes necessários no nível da tarefa. No entanto, é muito importante ter um processo de gerenciamento de mudanças em vigor para que os resultados pretendidos sejam alcançados. E é aí que você foca no curto prazo. Já em ambientes ágeis, garanta que o nível de detalhes seja suficiente, nem muito nem pouco, e que seja produzido quando necessário, não antecipadamente, e que incluam user stories, epics e temas. Isso significa que os requisitos são elaborados quando estão prestes a ser trabalhados ou refinados. Mas, em ambos os casos, garanta que os mesmos sejam específicos, e como mencionado antes, em um nível adequado de detalhe.

---

[4] Atlassian. "Project Poster". Atlassian Team Playbook, 2023. Web. 17 de novembro de 2023. https://www.atlassian.com/team-playbook/plays/project-poster.

Definindo Funções

O gerenciamento tradicional de projetos geralmente se apóia na matriz RACI[5] para discutir, comunicar e acordar as funções e responsabilidades dos projetos. Essa ferramenta é popular há muito tempo entre gerentes de projeto no mundo inteiro. Ambientes ágeis podem considerar esse modelo controverso, principalmente porque ele representa o oposto da autonomia e da auto-organização, que são a base do ágil. Equipes ágeis podem se beneficiar do uso de ferramentas como o jogo de delegation poker[6] da equipe do Management 3.0 para esclarecer quem é responsável pelo quê e em que nível.

Estabelecendo Limites

Por fim, é fundamental definir quais horas da jornada de trabalho são essenciais para o time, as ferramentas de comunicação, os tempos de resposta e uma hierarquia de comunicação. Abordarei estratégias muito úteis para comunicação no Capítulo 4, Comunicação em equipes remotas.

Esses limites, estabelecidos por meio de consenso e facilitados pelo líder da equipe, formam a espinha dorsal do trabalho remoto eficaz. O jogo Working agreements[7] da Atlassian é um guia abrangente que pode ajudar sua equipe a delinear todos esses parâmetros e a trabalhar em conjunto de forma eficaz.

---

[5] Forbes Advisor. "RACI Chart: Definitions, Uses And Examples For Project Managers." Forbes Advisor, 2023. Web. 17 de novembro de 2023. https://www.forbes.com/advisor/business/raci-chart.

[6] Appelo, Jurgen. "What is Delegation Poker?" Management 3.0, 2023. Web. 18 de novembro de 2023. https://management30.com/practice/delegation-poker/.

[7] Atlassian. "Working Agreements Play.". Atlassian Team Playbook, 2023. Web. 18 de novembro de 2023. https://www.atlassian.com/team-playbook/plays/working-agreements.

Ferramentas Digitais Para Impulsionar A Produtividade Da Equipe Remota

À medida que mais e mais empresas adotam o trabalho remoto, está se tornando cada vez mais impraticável confiar nos métodos tradicionais de gerenciamento sem a ajuda da tecnologia. As ferramentas digitais agora são essenciais para manter as equipes remotas produtivas e no caminho certo. Essas ferramentas fazem mais do que apenas replicar o que acontece em um escritório físico; elas também podem fornecer insights mais profundos, automatizar tarefas repetitivas e facilitar a colaboração. Vamos examinar mais de perto como as empresas podem usar essas ferramentas para otimizar o gerenciamento de equipes remotas.

A Ascensão das Plataformas de Gerenciamento de Projetos

Pessoas precisavam de uma maneira de acompanhar as tarefas, os prazos e as colaborações da equipe, e assim nasceram as ferramentas de gerenciamento de projetos. A primeira ferramenta que usei foi o Microsoft Project em meu desktop há muitos anos, antes da revolução da Internet, e ela não era muito intuitiva. Com a chegada da Internet, tudo e todos ficaram on-line, trazendo novas e melhores ferramentas. JIRA, Trello e Asana são as mais populares entre as equipes de desenvolvimento atualmente. Mas lembre-se que, no final das contas, a ferramenta de gerenciamento de projetos é apenas uma ferramenta. Seu foco não deve ser a ferramenta a ser usada, mas como usá-la. Em outras palavras, os processos, as diretrizes e as práticas recomendadas em torno dela. Aqui estão algumas dicas para você saber como fazer isso:

Adoção e retenção de ferramentas de gerenciamento de projetos: Qualquer que seja a ferramenta utilizada, ela precisa ter uma interface amigável e uma curva de aprendizado simples. Isso significa que é fácil começar a usá-la e que os membros da equipe podem aprender a usá-la rapidamente. Essas ferramentas são frequentemente atualizadas com novos recursos ou alterações, portanto, mantenha a equipe atualizada com sessões de treinamento se necessário, e incentive-a a explorar e utilizar novos recursos. É claro que é tentador usar várias ferramentas diferentes para tarefas diferentes. Mas tente minimizar o número de ferramentas que você usa, ou acabará com uma bagunça de informações e uma confusão generalizada.

Processo, estrutura e atualidade: Todos os membros da equipe devem saber como usar a ferramenta em termos de criação de tarefas, atualizações, escalonamentos etc. Crie um documento que descreva esses processos e garanta que todos estejam familiarizados com ele. Incentive os membros da equipe a atualizar regularmente o status das tarefas, adicionar comentários e registrar horas. E faça o acompanhamento com o seu time! Isso garante a transparência e mantém todos alinhados. Mantenha uma estrutura consistente para tarefas ou histórias de usuários. Por exemplo, todas as tarefas podem incluir determinados elementos, como uma descrição, critérios de aceitação, documentos relacionados e prazos.

Integre, colabore e comunique excessivamente: Integre a ferramenta de gestão de projetos com outras ferramentas que a equipe utliza(como aplicativos de bate-papo, repositórios de documentos, pipelines de CI/CD) para que ela seja facilmente acessível a todos os membros da equipe. Isso pode reduzir as atualizações manuais e criar um fluxo de trabalho mais suave. Aproveite ao máximo os recursos colaborativos, como @menções, comentários e quadros compartilhados. Eles podem ajudar a comunicar em tempo hábil e podem também auxiliar na redução do número de reuniões. Especialmente com equipes remotas, é melhor comunicar em excesso, portanto, use a ferramenta de gerenciamento de projetos para manter todos atualizados, mesmo com pequenos detalhes, mas lembre-se de fazer isso com intenção para não acabar entupindo as caixas de entrada e distrair sua equipe.

Fusos horários, controle de acesso e plano de backup: Como as equipes remotas podem estar espalhadas em diferentes fusos horários, use os recursos da ferramenta para indicar o horário de trabalho de cada membro ou definir marcos com base em fusos horários específicos. Certifique-se de que as tarefas ou informações confidenciais sejam restritas aos membros relevantes da equipe. A maioria das ferramentas oferece recursos para controlar o acesso com base em funções ou grupos. Não se esqueça também de ter certeza de que o backup dos dados na ferramenta de gerenciamento de projetos seja feito regularmente. Além disso, garanta a conformidade com as normas de proteção de dados, especialmente se a ferramenta for baseada na nuvem.

Fora isso, evite a sobrecarga de ferramentas, pois o excesso delas pode levar à ineficiência e ao aumento das curvas de aprendizado. E lembre-se de sempre obter feedback da equipe sobre as ferramentas e os processos. Ao obter feedback da equipe, você pode garantir que as necessidades dela sejam atendidas, que as ferramentas sejam as mais úteis possíveis e que sua equipe se sinta mais capacitada.

Insights Sobre Gerenciamento de Tempo e Produtividade

Embora o trabalho remoto ofereça autonomia, é fundamental garantir que essa liberdade não comprometa a produtividade. É por isso que sugiro fortemente que você e/ou sua equipe usem algo para entender para onde o seu tempo está indo. Antes que você se assuste, isso não se trata de monitorar cada atividade que você faz e enviar um relatório para o seu chefe toda semana. Permita-me citar Peter Drucker aqui: "O que é medido é gerenciado". Meu conselho aqui é que você precisa gerenciar seu próprio tempo para ser mais produtivo, mas, em vez de parar por aí, você deve incentivar sua equipe a fazer o mesmo. Embora os profissionais precisem gerenciar seu tempo para garantir a produtividade, os gerentes e líderes de equipe devem ter ferramentas à disposição para obter insights sobre padrões de trabalho, tendências de produtividade e possíveis gargalos. No campo do trabalho remoto, essas ferramentas também desempenham um papel fundamental para garantir que os membros da equipe não entrem no caminho para o esgotamento. Tenha em mente que ferramentas como essa podem trazer preocupações com respeito a privacidade, portanto você deve usá-las de forma ética e ser transparente. Agora vamos nos aprofundar em algumas das principais plataformas que oferecem esses insights valiosos:

RescueTime: Operando discretamente em segundo plano, o RescueTime[8] fornece informações detalhadas sobre como o tempo está sendo gasto em seus dispositivos. Ele classifica as atividades do computador em categorias produtivas e de distração, oferecendo uma imagem clara de onde está o foco da pessoa durante o horário de trabalho. Além do simples monitoramento, os usuários podem definir metas diárias de produtividade. Os alertas podem ser configurados para notificar se muito tempo estiver sendo gasto em sites ou aplicativos que causam distração.

Microsoft Viva Insights: Um participante relativamente novo, respaldado pela Microsoft, o Viva Insights[9] integra-se perfeitamente ao pacote Microsoft 365, o que o torna particularmente vantajoso para as empresas que já utilizam esse ecossistema. Para o usuário final, ele fornece recomendações sobre como fazer intervalos regulares, horários de trabalho focados e até mesmo sugere oportunidades de aprendizado. Reconhecendo os desafios do trabalho remoto, ele oferece recursos voltados para o bem-estar mental. Já para os gerentes, o Viva Insights revela padrões de colaboração, ajudando os líderes a identificar possíveis gargalos de colaboração ou equipes que possam estar trabalhando em silos.

---

[8] RescueTime. " Fully Automated Time Tracking Software". RescueTime.com, 2023. Web. 18 de novembro de 2023. https://www.rescuetime.com/.

[9] Microsoft. "Microsoft Viva Insights: Enhance Productivity and Wellbeing with Data-Driven Insights ". Microsoft Viva, 2023. Web. 18 de novembro de 2023. https://www.microsoft.com/en-us/microsoft-viva/insights.

Ferramentas para Comunicação Contínua

No mundo do trabalho remoto, a comunicação é mais do que apenas uma maneira de fazer as coisas. Ela é a força vital que mantém as equipes conectadas, as ideias fluindo e o isolamento do trabalho de casa sob controle. Sem a possibilidade de interagir pessoalmente, cabe às ferramentas digitais manter a comunicação do time sólida. Aqui estão algumas das principais plataformas nessa área, cada uma com seu próprio conjunto de vantagens:

Slack: Evoluindo além de seu design inicial como plataforma de mensagens, o Slack[10] se tornou o escritório virtual de muitas empresas em todo o mundo. As equipes no Slack podem criar vários canais, cada um dedicado a um projeto, departamento ou tema específico, garantindo que as discussões sejam categorizadas de forma organizada. Além dos canais, as mensagens diretas permitem conversas particulares um, enquanto os bate-papos em grupo podem ser formados para discussões em equipes menores. Um dos maiores pontos fortes do Slack está na capacidade de se integrar a uma infinidade de outras ferramentas, servindo como hub central para várias plataformas.

---

[10] Slack. "Slack: Bring teams together with our messaging, collaboration, and workflow tools." Slack Technologies Inc., 2023. Web. 18 de novembro de 2023. https://slack.com/

Microsoft Teams: Como parte do pacote Office 365, o Microsoft Teams[11] se tornou a plataforma ideal para empresas que precisam de uma ferramenta coesa que combine comunicação com colaboração de documentos. O Teams oferece bate-papo baseado em texto, videoconferência, chamadas de voz e até mesmo compartilhamento de tela, o que o torna uma plataforma abrangente para todas as necessidades de comunicação. Sua integração perfeita com aplicativos do Office, como Word, Excel e PowerPoint, permite que os membros da equipe colaborem em documentos em tempo real sem sair da plataforma, o que provavelmente é seu maior ponto forte.

Zoom: embora tenha começado como uma ferramenta de videoconferência, a revolução do trabalho remoto (e a pandemia) impulsionou o Zoom[12] para o centro das atenções, tornando-o um item básico para muitas empresas. A força do Zoom está em sua qualidade de vídeo consistente, mesmo em regiões com conectividade de Internet abaixo do ideal. Os anfitriões podem dividir os participantes em pequenos grupos e a funcionalidade semelhante a um webinar também está disponível.

Google Chat e Google Meet (também conhecido como Google Workspace): O Google Workspace[13] traz um conjunto de ferramentas que muitas empresas consideram familiar devido ao uso pessoal dos serviços do Google como o Gmail. Sua natureza integrada garante que as ferramentas de comunicação, colaboração e produtividade estejam todas no mesmo ecossistema e assegura uma experiência fluida. Em termos de recursos, o Workspace oferece a maior parte do que as plataformas acima têm.

---

[11] Microsoft. "Microsoft Teams: Chat, meetings, calling, and collaboration". Microsoft Corporation, 2023. Web. 18 de novembro de 2023. https://www.microsoft.com/en-us/microsoft-teams/group-chat-software.

[12] Zoom Video Communications, Inc. "Zoom: Cloud communications platform ". Zoom Video Communications, 2023. Web. 18 de novembro de 2023. https://zoom.us/

Resumindo, embora o trabalho remoto possa ter nascido da necessidade ou estratégia, sua continuação efetiva depende do uso criterioso de ferramentas digitais. Essas plataformas não são meras muletas, mas catalisadores, impulsionando as equipes remotas a alcançar, e muitas vezes superar, as eficiências e sinergias das configurações tradicionais. Além disso, é fundamental o alinhamento com os protocolos de segurança de dados e os requisitos de conformidade da empresa. O futuro do trabalho remoto está inegavelmente entrelaçado com os avanços tecnológicos e, à medida que as ferramentas evoluem, também evoluem as nuances do gerenciamento de equipes dispersas.

Como Lidar Com Desafios Únicos E Possíveis Armadilhas

A transição para o trabalho remoto, embora ofereça inúmeras vantagens, traz desafios distintos e faz problemas similares aos enfrentados por equipes presenciais ficarem maiores. Reconhecer e enfrentar esses desafios de forma proativa é fundamental para garantir que o trabalho remoto continue sendo produtivo e gratificante para todos os membros da equipe. Vamos explorar alguns dos desafios mais comuns enfrentados pelas equipes remotas e as possíveis armadilhas a que eles podem levar se não forem abordados:

---

[13] Google. "Google Workspace: Get all your work done in one place". Google, 2023. Web. 18 de novembro de 2023. https://workspace.google.com/

Isolamento e esgotamento: Um dos maiores desafios do trabalho remoto é o isolamento e a solidão. A falta de interação pode fazer com que os funcionários se sintam desconectados. Isso não é apenas uma questão social; o isolamento prolongado pode levar ao esgotamento e diminuir a satisfação no trabalho. Para combater isso, as empresas devem priorizar exercícios regulares de formação de equipes virtuais e reuniões individuais. Essas conexões podem ajudar a recriar a camaradagem e a coesão típicas dos espaços de trabalho físicos. O Capítulo 5, Colaboração em equipes remotas, fornece estratégias que podem ser usadas com a sua equipe.

Excesso de trabalho: Outro desafio que surge com frequência são os funcionários remotos que trabalham demais. A indefinição entre o trabalho e o tempo pessoal em casa geralmente resulta em horas de trabalho mais longas do que em um ambiente de escritório. Com o tempo, isso pode afetar a saúde mental e física de uma pessoa, levando-a ao esgotamento. Os gerentes têm um papel importante a desempenhar nesse caso - eles precisam enfatizar a importância de estabelecer limites para o trabalho e garantir que os funcionários se sintam à vontade para fazer pausas e se desconectar nos momentos apropriados.

Má comunicação: A comunicação, um dos pilares de qualquer equipe bem-sucedida, se torna muito mais complicada em um ambiente remoto. Para combater isso, é necessário cultivar uma cultura de "excesso de comunicação", porém intencional, para evitar ainda mais distrações da sua equipe. Incentivar chamadas de vídeo em vez de texto pode ajudar a esclarecer as discussões. Há também uma série de ferramentas digitais adaptadas para uma comunicação remota clara e organizada, que pode ser utilizada para manter membros da equipe alinhados. Chamadas de vídeo podem ser usadas para discussões complexas e para garantir que os membros da equipe reiterem os pontos para confirmar o entendimento. Sem interações presenciais, nuances podem ser perdidas, levando a interpretações errôneas ou expectativas não atendidas, e claramente você não quer isso. A implementação de um plano de comunicação pode ajudar a sua equipe a se comunicar com intenção. Saiba mais sobre isso no próximo capítulo, Comunicação em equipes remotas.

Avaliação de desempenho: As métricas tradicionais de desempenho podem ser insuficientes no contexto do trabalho remoto. Os gerentes precisam repensar seus critérios de avaliação e se concentrar mais na qualidade do trabalho produzido do que no número de horas trabalhadas. Há o perigo de suposições equivocadas em relação a dedicação ou os resultados de um funcionário. Em vez de micro gerenciar ou concentrar-se apenas nas horas registradas, a ênfase deve ser dada a resultados e entregas tangíveis.

Dependência excessiva da tecnologia: Vamos encarar o fato de que os problemas técnicos são inevitáveis. Considerando que falhas de software e mau funcionamento de hardware vão ocorrer, o suporte robusto de TI torna-se crucial para os funcionários remotos. Isso não apenas garante a continuidade dos negócios, mas também reduz as frustrações e os atrasos que os problemas técnicos podem causar. Além disso, os funcionários que acessam os recursos da empresa a partir de redes pessoais ou não seguras podem introduzir vulnerabilidades de forma não intencional. O treinamento regular em segurança cibernética, os protocolos rigorosos e o equipamento das equipes com ferramentas seguras são fundamentais para garantir que os dados e os recursos permaneçam protegidos.

Em essência, o gerenciamento eficaz de equipes remotas é uma mistura de tecnologia, comunicação clara e empatia. Ao compreender a dinâmica exclusiva do trabalho remoto, os gerentes podem promover um ambiente em que os membros da equipe se sintam conectados, valorizados e orientados para as metas coletivas. É uma jornada de aprendizado contínuo, adaptando-se a novas ferramentas e metodologias e, acima de tudo, reconhecendo que, embora o modo de trabalho tenha mudado, a necessidade humana de conexão e crescimento permanece constante.

CAPÍTULO 4: COMUNICAÇÃO EM EQUIPES REMOTAS

A Importância Da Comunicação Aberta E Regular

O Project Management Institute (PMI), em seu relatório de 2023 chamado Pulse of The Profession[14], revelou que a comunicação é a habilidade mais importante para ajudar os gerentes de projeto a cumprir os objetivos da organização, superando a solução de problemas, a liderança colaborativa e o pensamento estratégico. A comunicação real é muito mais do que apenas compartilhar informações e, no mundo do trabalho remoto, é a cola que mantém uma equipe unida. Sem a proximidade física de um escritório tradicional, as equipes remotas podem facilmente se distanciar, levando a mal-entendidos e à falta de coordenação. A comunicação aberta e regular preenche essa lacuna, garantindo que todos se sintam incluídos, informados e como se fizessem parte da equipe. Igualmente importante, projetar e implementar um plano de comunicação para a sua equipe garantirá o alinhamento, definirá as expectativas corretas e servirá como ponto de referência. A interação consistente e o consenso por parte da equipe criarão confiança, promoverão a colaboração e garantirão que todos estejam na mesma página.

---

[14] Project Management Institute (PMI). "Pulse of the Profession® 2023: Power Skills, Redefining Project Success". PMI, 2023. Web. 18 de novembro de 2023. https://www.pmi.org/learning/thought-leadership/pulse/power-skills-redefining-project-success.

Barreiras de comunicação em ambientes virtuais

A transição para um ambiente de trabalho remoto remodela o cenário das interações interpessoais, introduzindo um novo conjunto de barreiras de comunicação que podem obstruir o fluxo de informações e a colaboração da sua equipe. A ausência de um espaço físico compartilhado significa depender de canais de comunicação digital, que, embora convenientes, vem com seus próprios obstáculos. Essas barreiras, se não forem identificadas e transpostas, podem se tornar obstáculos significativos para a eficiência e o moral de uma equipe. Na seção a seguir, vamos nos aprofundar nessas barreiras de comunicação comuns encontradas em ambientes virtuais e explorar estratégias para superar esses obstáculos de forma eficaz.

Ausência de sinais não verbais: Em chats online, a ausência de tom, linguagem corporal e expressões faciais pode levar a interpretações errôneas. Supere isso incentivando chamadas de vídeo para discussões que precisam de clareza ou então sendo explícito na comunicação por escrito.

Sobrecarga de informações: Com uma infinidade de canais, tópicos e mensagens, é fácil se sentir sobrecarregado. Combata isso definindo diretrizes claras sobre a finalidade de cada canal de comunicação e arquivando regularmente os tópicos desatualizados.

Diferenças de fuso horário: A coordenação entre os membros da equipe espalhados por todo o mundo pode ser um desafio. Ferramentas como o World Time Buddy podem ajudar a encontrar horários adequados para as reuniões. Além disso, a adoção de uma cultura de comunicação assíncrona pode garantir que ninguém fique de fora de discussões cruciais.

Nuances culturais: Equipes diversas trazem uma mistura de origens culturais. A conscientização e a sensibilidade em relação a essas diferenças podem evitar possíveis mal-entendidos e promover um ambiente de comunicação respeitoso.

Construindo O Plano De Comunicação Da Sua Equipe

Conforme mencionado acima, a comunicação em espaços de trabalho remotos não se trata apenas em permanecer conectado, mas também fazê-lo de forma eficiente. Com os membros da equipe espalhados por diferentes fusos horários, depender muito da comunicação em tempo real e não discutir limites e regras pode ser uma receita para a frustração e, às vezes, até para o fracasso. Por isso, a mudança para a comunicação assíncrona está cada vez mais ganhando força.

Sincronização vs. Assincronização

Muitas equipes usam como padrão a comunicação síncrona, também conhecida como Chat online, no trabalho remoto. Meu palpite é que se trata de um hábito antigo dos tempos de escritório. Por exemplo, quando um membro da equipe para na sua mesa e pergunta se você tem um minuto para ele. Ou quando seu chefe passa por você dizendo que precisam conversar sobre uma tarefa. Isso é caracterizado como uma distração, certo? Pense que você estava concentrado em algo importante e teve que parar por um tempo. Embora não soe como algo significativo, o que acontece quando a interrupção acabou é que leva algum tempo para voltar ao ponto em que você estava antes. Agora multiplique isso pelo número de interrupções você tem por dia e isso vira um grande problema. De acordo com um estudo de 2008 da Universidade da Califórnia-Irvine[15] , retornar ao foco original, após uma distração, leva, em média, 23 minutos e 15 segundos. É claro que esse não é o custo de uma mensagem de bate-papo "inocente" para equipes remotas. O que quero dizer com isso é que as equipes devem se comunicar com intenção. Já para atividades que requerem discussões em tempo real, como brainstorming, tomadas de decisão ou a construção de relacionamentos, o valor da comunicação de forma síncrona é inestimável.

---

[15] Gloria Mark, Daniela Gudith e Ulrich Klocke. "The Cost of Interrupted Work: More Speed and Stress". Em Proceedings of the 2008 CHI Conference on Human Factors in Computing Systems, pp. 97-106. ACM, 2008.

Agora vamos voltar para a comunicação de forma assíncrona por um minuto, por exemplo, o e-mail. O apelo aqui está em sua flexibilidade. Os membros da equipe podem responder às comunicações quando for conveniente para eles, sem a pressão de respostas imediatas. Essa abordagem respeita os horários de trabalho de cada um e as agendas pessoais, garantindo respostas de maior qualidade e discussões mais ponderadas. Obviamente, todos nós somos culpados de clicar em "Responder a todos" às vezes. Aquela sequência de e-mails com dezenas de respostas é meio difícil de acompanhar, não é? Portanto, ao trabalhar com sua equipe no plano de comunicação, mantenha tudo isso em mente, encontre o equilíbrio certo e entenda quando cada modo é mais eficaz.

Tanto os e-mails quanto os bate-papos têm seus méritos, mas em uma configuração remota, é crucial designar quando e onde cada um deve ser usado. Aqui estão algumas dicas sobre o que escolher ao criar o plano de comunicação com sua equipe:

E-mails: São o equivalente a memorandos formais. São mais usados para atualizações detalhadas de projetos, ciclos de feedback e anúncios para o time. A natureza assíncrona dos e-mails permite que os destinatários tenham tempo para digerir as informações e ponderar antes de responder.

Bate-papos: Ideal para esclarecimentos rápidos, interações casuais e atualizações curtas. No entanto, se forem usados em excesso, podem atrapalhar o fluxo de trabalho com notificações constantes.

Ao fazer uma distinção clara entre o que vai para um e-mail e o que deve ser reservado para o bate-papo, as equipes podem reduzir o ruído da comunicação e manter a clareza.

Definindo Tempos de Resposta e Garantindo Alinhamento

Um componente vital da comunicação remota eficiente é definir expectativas sobre os tempos de resposta, portanto, você deve incluir isso em seu plano de comunicação. Sem diretrizes claras, os membros da equipe podem esperar respostas instantâneas (levando ao esgotamento) ou atrasar excessivamente as respostas (levando a projetos paralisados).

É essencial delinear as durações esperadas das respostas. Por exemplo:
E-mails: Dentro de 24 horas nos dias úteis.
Bate-papos: Dentro de 2 horas durante o horário de trabalho, mas não são esperados fora desse horário.

Além disso, é fundamental observar a importância das atualizações de status dos colaboradores. O uso de ferramentas que permitem que os membros da equipe definam seu status (por exemplo, "Em uma reunião", "Focando", "Fora do escritório") ajuda e evitar interrupções desnecessárias.

Processo de Escalação: Navegando Pelas Barreiras de Comunicação

Mesmo com as melhores estratégias de comunicação em vigor, haverá momentos de atrasos ou mesmo falha na comunicação. Um processo de escalação oferece uma maneira estruturada de lidar com esses problemas. Protocolos claros de escalação são essenciais em um ambiente remoto, onde as "conversas rápidas" informais e usuais para esclarecer confusões não são uma opção. Veja como você pode implementar um processo eficaz de escalação:

Estabeleça um caminho de escalonamento: Seu caminho deve incluir três itens:
- De onde deve vir a tentativa de comunicação inicial (por exemplo, e-mail ou ticket).
- O canal alternativo a ser usado se a tentativa inicial não for atendida (por exemplo, chamada telefônica).
- A quem notificar (por exemplo, supervisor ou gerente) se o problema não for resolvido ou for considerado urgente.

Garanta clareza e transparência: Defina quem deve ser contatado em cada etapa, quem é responsável pelo encaminhamento de um problema e o tempo máximo de resposta permitido antes de passar para a próxima etapa. Todos os membros da equipe devem ter acesso à política e a mesma deve ser revisada periodicamente.

Utilizar a tecnologia para dar suporte a escalação: Utilize ferramentas de gerenciamento de projetos, comunicação e monitoramento que possam automatizar parte do processo de escalação. Recursos como recibos de leitura, lembretes automatizados e sistemas de notificação podem manter todos responsáveis.

Ter uma matriz de escalação clara garante que os problemas sejam tratados rapidamente, e sem recorrer ao pânico ou a suposições. Ela define quem é responsável por cada etapa do processo e, ao mesmo tempo, respeita os limites/fronteiras. Quando a sua equipe entende como e quando escalar um problema, isso a capacita a assumir a responsabilidade pelo seu trabalho e garante que nenhuma tarefa seja esquecida. No final das contas, um processo de escalonamento bem planejado contribui para um ambiente de trabalho remoto mais resiliente e responsivo.

Criando Um Contrato De Comunicação Com A Equipe

Um plano de comunicação coeso deve culminar em um acordo de equipe. Esse documento - criado de forma colaborativa - descreve as ferramentas de comunicação escolhidas pela equipe, os tempos de resposta esperados, os modos de comunicação preferidos para vários cenários e o processo de escalação. Ele serve como ponto de referência, garantindo o alinhamento, definindo expectativas e simplificando as vias de comunicação. A seguir, apresento um exemplo de como é um acordo. Trata-se de uma ferramenta prática que pode ser adaptada para atender às necessidades e preferências específicas de diferentes equipes remotas.

Modelo de Acordo de Comunicação da Equipe

Objetivo:
Este acordo serve como um compromisso coletivo para uma comunicação eficaz, eficiente e respeitosa dentro da nossa equipe remota. Ele descreve nossos canais preferidos, ferramentas, expectativas de tempo de resposta e o processo para lidar com obstáculos na comunicação.

Canais de comunicação:

- **E-mail:** Para comunicações formais, atualizações de projetos e assuntos não urgentes.
- **Mensagens instantâneas (por exemplo, Slack, Teams):** Para perguntas rápidas, atualizações breves e bate-papo informal.

- **Chamadas de vídeo (por exemplo, Zoom, Google Meet):** Para discussões complexas, sessões de brainstorming e reuniões semanais da equipe.
- **Ferramenta de gerenciamento de projetos (por exemplo, Asana, Trello):** Para atribuições de tarefas, controle de progresso e notificações de prazos.

Tempos de resposta esperados:

- **E-mails:** Responder em um dia útil.
- **Mensagens instantâneas:** Responder em até 4 horas durante o horário comercial.
- **Assuntos urgentes:** Se marcado como urgente, responda o mais rápido possível e em até 2 horas durante o horário comercial.

Etiqueta de comunicação:

- **Respeite o horário de trabalho:** Evite enviar comunicações não urgentes fora do horário de trabalho de um membro da equipe.
- **Use o "Não perturbe":** Utilize indicadores de status para sinalizar a disponibilidade.
- **Seja claro e conciso:** Procure ser breve e claro em todas as comunicações para evitar mal-entendidos.

Disponibilidade e agendamento:

- **Check-ins regulares:** Programe check-ins diários ou semanais para atualizações do projeto e alinhamento da equipe.
- **Calendários compartilhados:** Use calendários compartilhados para indicar a disponibilidade para reuniões.
- **Aviso prévio:** Forneça pelo menos 24 horas de antecedência para as reuniões, quando possível.

Processo de escalação:

- Se uma resposta a uma requisição urgente não for recebida dentro do prazo esperado, ligue diretamente para o membro da equipe.
- Se o problema continuar sem solução, encaminhe-o ao supervisor ou gerente relevante.

Revisão e adaptação:

- Esse contrato será revisado trimestralmente para garantir que atenda às necessidades da equipe.
- O feedback sobre o processo de comunicação é encorajado e pode ser enviado de maneira anônima.

Acordo de equipe:

- Esse acordo é feito de forma colaborativa e exige o compromisso de cada membro da equipe em manter seus princípios.
- Ao aderir a este acordo, nosso objetivo é promover um ambiente de trabalho remoto positivo e produtivo.

Assinaturas:

- Cada membro da equipe deve assinar ou reconhecer digitalmente o acordo para demonstrar seu compromisso.

Em Conclusão

A comunicação eficaz é tanto uma arte quanto uma ciência. Para as equipes remotas, ela exige intencionalidade na seleção de ferramentas, clareza nas expectativas e um entendimento mútuo dos limites/fronteiras. À medida que o mundo muda cada vez mais para o trabalho remoto, as equipes que criam estruturas de comunicação robustas não apenas sobreviverão, mas também prosperarão. Ao compreender sua importância, equipar a equipe com as plataformas adequadas e lidar com as barreiras virtuais inerentes, as organizações podem criar um ambiente de trabalho remoto harmonioso em que todas as vozes são ouvidas e todas as mensagens são compreendidas.

CAPÍTULO 5: COLABORAÇÃO EM EQUIPES REMOTAS

Os Fundamentos Da Colaboração Remota

No mundo digital, a essência da colaboração não é apenas o compartilhamento de ideias; trata-se de manter o ritmo de uma equipe dispersa geograficamente. Já se foi o tempo em que a proximidade ditava nosso potencial de parceria. Agora, no vasto cenário do trabalho remoto, precisamos navegar por novas maneiras de promover o trabalho em equipe que transcende os limites físicos.

A colaboração remota eficaz é mais do que uma série de transações entre colegas distantes; é um esforço conjunto para forjar um senso de unidade e propósito compartilhado. Não é suficiente que os membros da equipe contribuam; eles também devem se sentir conectados, valorizados e integrados à missão da equipe. Quando abordada com cuidado, a colaboração remota pode aumentar a inclusão, impulsionar a inovação e levar a resultados extraordinários. No entanto, para conseguir isso, é necessário combinar uma infraestrutura técnica robusta e uma inteligência emocional aguçada - conectando pontos e corações.

Nas seções a seguir, iremos explorar como equipar sua equipe com as ferramentas certas, estabelecer processos claros e dar ao seu espaço de trabalho digital o toque humano que é crucial para a verdadeira colaboração.

Espaços De Trabalho Digitais: O Centro Da Colaboração Remota

Os espaços de trabalho digitais são os centros de comando onde a colaboração remota ganha vida. Eles são as mesas virtuais em torno das quais sua equipe se reúne, não apenas para concluir tarefas, mas para alcançar sinergia em seus esforços coletivos. Essas plataformas oferecem uma série de funcionalidades que podem transformar os esforços individuais em um fluxo coeso de progresso.

Selecionando a Plataforma Certa

Ao selecionar um espaço de trabalho digital, considere estes fatores críticos para garantir que ele atenda às necessidades exclusivas da sua equipe:

Recursos de integração: Procure plataformas que possam se conectar sem esforço com outras ferramentas essenciais, mantendo um fluxo de trabalho contínuo.

Personalização: Escolha ferramentas que possam ser adaptadas para refletir o fluxo de trabalho da sua equipe, permitindo uma personalização que se alinhe às metas do projeto e às preferências do time.

Acessibilidade: Certifique-se de que o espaço de trabalho seja facilmente acessível em todos os dispositivos, com uma interface amigável que ofereça suporte tanto a novos usuários quanto a usuários avançados.

A fonte única da verdade: O espaço de trabalho digital correto torna-se a única fonte da verdade para sua equipe. Aqui, cada membro pode acompanhar os cronogramas do projeto, monitorar o progresso das tarefas e manter-se atualizado sobre as responsabilidades colaborativas. Trata-se de criar um ambiente digital compartilhado que seja tão intuitivo e confortável quanto os escritórios físicos que já conhecemos.

Uma Análise Comparativa das Plataformas Populares

Office 365: Para as equipes imersas no ecossistema da Microsoft, o Office 365 oferece um amplo conjunto de ferramentas de produtividade que se integram perfeitamente umas às outras. É uma potência para equipes que dependem da funcionalidade familiar dos produtos da Microsoft.

Google Workspace: Conhecido por sua simplicidade e sua vantagem colaborativa, o Google Workspace é um pacote que incentiva a colaboração em tempo real. Seu design intuitivo e sua operação perfeita fazem dele um elemento básico para equipes que valorizam o trabalho em equipe simples e eficiente.

Confluence: O Confluence da Atlassian é uma ferramenta de colaboração de conteúdo que se destaca por trazer estrutura à documentação. Sua profunda integração com o Jira o torna a escolha ideal para equipes que já fazem parte do ecossistema da Atlassian.

Notion: A estrela em ascensão das soluções de espaço de trabalho flexível, o Notion se destaca por sua capacidade de combinar notas, tarefas, wikis e bancos de dados. Ele é totalmente personalizável e oferece suporte a uma ampla gama de integrações de terceiros.

Além desses espaços de trabalho essenciais, é fundamental complementá-los com ferramentas que facilitem o brainstorming, o compartilhamento de arquivos e a colaboração criativa. A chave para um trabalho em equipe remoto eficaz não está apenas na escolha das ferramentas certas, mas na compreensão de como incorporá-las à estrutura das operações diárias da sua equipe.

O Lado Humano Da Colaboração Digital

Ao navegarmos pelas complexidades do trabalho remoto, não podemos esquecer que, no centro de cada interação, de cada documento compartilhado e de cada linha de código, há pessoas buscando conexão. As ferramentas digitais facilitam o "como" da colaboração, mas o "porquê" é profundamente humano. Nosso desafio é garantir que essas interações digitais sejam ricas em empatia e compreensão, preenchendo a lacuna entre as tarefas transacionais e os relacionamentos transformadores da equipe.

Cultivando uma Cultura Virtual de Empatia

A inteligência emocional, há muito reverenciada nos ambientes tradicionais de escritório, encontra uma nova expressão no local de trabalho virtual. A capacidade de ler sutilezas na comunicação digital, de ouvir o que não foi dito por meio de uma pausa em uma chamada de vídeo ou de oferecer apoio por meio de uma mensagem oportuna torna-se uma tábua de salvação. É essa "intuição digital" que pode elevar um grupo de indivíduos remotos a uma equipe coesa e colaborativa.

Criando Confiança Além da Tela

A confiança é o alicerce da colaboração eficaz e, em um contexto remoto, ela é construída por meio de interações consistentes e genuínas. Incentive a sua equipe a compartilhar sucessos e contratempos, a buscar conselhos e a oferecer insights. Não se trata apenas de marcos ou prazos do projeto; trata-se de cultivar um ambiente em que os membros da equipe se sintam valorizados e compreendidos - um espaço virtual em que todos pertencem.

Autenticidade e Espontaneidade

Embora o profissionalismo seja fundamental, há um lugar para o espontâneo e o autêntico no espaço de trabalho digital. Quando um animal de estimação aparecer em uma videochamada ou uma criança oferecer uma opinião não solicitada durante uma reunião, aproveite. Esses momentos de leveza inesperada podem fortalecer os laços da equipe e nos lembrar da vida que acontece além das nossas telas.

Nas seções a seguir, examinaremos estratégias práticas para aprimorar esse lado humano da colaboração digital, garantindo que nossas equipes remotas não apenas tenham sucesso em suas tarefas, mas também prosperem em suas conexões interpessoais.

Enfrentando Os Desafios Da Colaboração Remota

Trabalhar remotamente elimina as barreiras tradicionais da geografia, mas cria novos desafios que exigem soluções inovadoras. Não é a distância que dificulta a colaboração, mas sim a forma como a superamos. Nesta seção, vamos explorar estratégias que podem ajudar a transformar possíveis armadilhas em plataformas para obter maior produtividade a melhorar o trabalho em equipe.

Sincronização entre Fusos Horários

A beleza de uma equipe remota é sua capacidade de abranger continentes, reunindo mentes e talentos diversos. Entretanto, essa liberdade geográfica introduz o quebra-cabeça do gerenciamento do fuso horário, que pode interromper o fluxo da colaboração em tempo real. Para contornar esse problema, considere a possibilidade de implementar um cronograma de reuniões rotativo para compartilhar igualmente o inconveniente dos horários fora do comum. Se houver uma alta concentração de membros da equipe em fusos horários específicos, adicionar um segundo ou terceiro fuso horário ao aplicativo de calendário ou usar uma ferramenta como o World Time Buddy pode ser útil. Certifique-se de que todos adotem métodos de comunicação assíncronos para permitir que os membros da equipe contribuam de acordo com seus próprios horários, reforçados por uma documentação abrangente que mantenha todos em sincronia. Incentive horários de trabalho flexíveis para que os membros da equipe possam ajustar seus horários para que haja mais sobreposição com os outros quando necessário.

Criando Momentos de Conexão Casual

Os momentos espontâneos e descontraídos que ocorrem naturalmente em um escritório naquele momento do cafezinho devem ser conscientemente recriados em um ambiente remoto. Facilite os espaços virtuais para a interação casual, seja por meio de coffee breaks digitais, jogos on-line compartilhados ou simplesmente um canal de bate-papo dedicado para conversas não relacionadas ao trabalho. Esses momentos podem promover a camaradagem e combater a sensação de isolamento. O Personal Maps[16], também mencionados no Capítulo 2, Construindo uma Equipe Remota, podem ajudar os membros da equipe remota a compartilhar mais sobre si mesmos, promovendo um senso de conexão e compreensão que geralmente falta nas equipes remotas. Atividades para quebrar o gelo também podem ajudar a estabelecer conexões pessoais e a construir relacionamentos. Você saberá mais sobre isso no Capítulo 7, Motivando equipes remotas.

Agilizando a Colaboração e a Tomada de Decisões

A falta de presença física significa que a clareza escrita e falada se torna fundamental. Mais uma vez, incentive a comunicação excessiva com intenção - instruções e feedback claros e concisos podem mitigar mal-entendidos. Quando possível, complemente a comunicação textual com recursos visuais ou breves explicações em vídeo, pois eles podem ser muito mais eficazes do que longas conversas por e-mail.

---

[16] Appelo, Jurgen. Personal Maps. Management 3.0, https://management30.com/practice/personal-maps/ (16 de novembro de 2023).

Para aprofundar a coesão e o entendimento da equipe, recomendo o desenvolvimento de User Manuals[17] pessoais. Esses documentos fornecem informações sobre as preferências de comunicação, os estilos de aprendizagem e os mecanismos de feedback de cada membro da equipe. Criar e compartilhar esses manuais não só ajuda os membros da equipe a entender como interagir uns com os outros de forma mais eficaz, mas também constrói uma base para uma colaboração mais forte e personalizada.

O mapeamento das competências da equipe para uma colaboração direcionada permitirá que você e a equipe entendam quem possui as habilidades ou os conhecimentos necessários para tarefas ou projetos específicos. Para isso, você pode utilizar o Team Competency Matrix[18], uma ferramenta estratégica que ajuda as equipes remotas a mapear as habilidades e os conhecimentos especializados dentro de seus grupos. Essa clareza garante que os membros da equipe saibam exatamente a quem recorrer, simplificando a colaboração e aproveitando os pontos fortes individuais para o sucesso coletivo.

Por fim, as decisões são o volante de qualquer projeto, orientando as equipes para o sucesso ou prejudicando seu progresso. Na colaboração remota, onde criar uma reunião no último minuto é mais difícil, uma estrutura de tomada de decisões bem definida é fundamental. Ela deve delinear quem é responsável por quais decisões, os processos para chegar a um consenso e os métodos para comunicar as decisões depois de tomadas.

---

[17] Atlassian. "My User Manual". Atlassian Team Playbook, 2023. Web. 18 de novembro de 2023. https://www.atlassian.com/team-playbook/plays/my-user-manual.

[18] Appelo, Jurgen. "Team Competency Matrix". Management 3.0, 2023. Web. November 18, 2023. https://management30.com/practice/competency-matrix/.

Ferramentas como a estrutura DACI (Driver, Approver, Contributor, Informed)[19] podem trazer clareza e responsabilidade, garantindo que todos saibam seu papel no processo de tomada de decisão. Capacite suas equipes a mudar as decisões quando necessário, com base em novas informações ou mudanças nas circunstâncias, e também a refletir regularmente sobre as decisões recentes e sua eficácia.

Ao promover uma cultura de comunicação clara e fornecer recursos que ofereçam insights pessoais e profissionais sobre os membros da equipe, podemos criar um ambiente em que a colaboração floresça apesar da falta de proximidade física. São essas estratégias que permitem que as equipes remotas trabalhem juntas sem problemas, como se estivessem sentadas lado a lado.

---

[19] Atlassian. "DACI Decision-Making Framework". Atlassian Team Playbook, 2023. Web. 18 de novembro de 2023. https://www.atlassian.com/team-playbook/plays/daci: https://www.atlassian.com/team-playbook/plays/daci.

CAPÍTULO 6: COMO LIDERAR EQUIPES REMOTAS

Embora o trabalho remoto possa ser a evolução do local de trabalho moderno, liderar equipes remotas exige uma reimaginação dos estilos de liderança tradicionais. Os desafios e as nuances de gerenciar uma equipe que está espalhada por cidades, países ou até mesmo continentes são distintos. Nesse capítulo, vamos nos aprofundar na adaptação da liderança para ambientes virtuais, em fomentar a confiança à distância e nas estratégias que podem ajudar a aprimorar as habilidades de liderança remota.

Adaptando Estilos De Liderança Para Ambientes Virtuais

Já se foi o tempo em que a presença física ditava a liderança. Em um ambiente virtual, a presença não significa ser visto, mas sim ser sentido. Adaptar a liderança para a era digital significa adotar novas normas e abandonar algumas antigas.

Do microgerenciamento à confiança: É fácil pensar que, se pudermos ver alguém trabalhando, ele está sendo produtivo. No entanto, quando sua equipe é remota, você deve confiar que eles farão o trabalho sem que você fique respirando no pescoço deles. Essa mudança de microgerenciamento para uma liderança baseada em confiança pode ser difícil, mas vale a pena.

Quando você confia na sua equipe, ela se sente mais capacitada e motivada para fazer o melhor trabalho possível. O Delegation Board[20], usado em conjunto com o Delegation Poker abordado no Capítulo 4, capacita os membros da equipe e concede a eles autonomia para tomar suas decisões dentro dos limites acordados e definidos, afastando os líderes da tendência de microgerenciamento.

Flexibilidade e empatia: É fundamental reconhecer que a situação de trabalho remoto de todos é única. De ambientes domésticos variados a desafios pessoais diversos, um líder deve ser flexível e compreensivo, oferecendo apoio quando necessário. A Atlassian desenvolveu esse jogo chamado Work Life Impact[21] que permite que as equipes compartilhem e documentem como o trabalho remoto as afeta pessoalmente e que tipo de apoio é necessário.

Priorizando os resultados em vez das horas: Em ambientes virtuais, o que mais importa são os resultados, não as horas registradas. Os líderes devem se concentrar no que está sendo alcançado e não em quando ou quanto tempo leva. Essa abordagem baseada em resultados não só aumenta a produtividade, mas também contribui para um equilíbrio mais saudável entre a vida pessoal e profissional da equipe. Estratégias mais detalhadas sobre isso serão exploradas no Capítulo 8, "Gestão de desempenho em equipes remotas".

---

[20] Appelo, Jurgen. "Delegation Poker". Management 3.0, 2023. Web. 18 de novembro de 2023. https://management30.com/practice/delegation-poker/

[21] Atlassian. "Work Life Impact". Atlassian Team Playbook, 2023. Web. 18 de novembro de 2023. https://www.atlassian.com/team-playbook/plays/work-life-impact

Construindo Confiança E Rapport À Distância

A confiança é a base de qualquer equipe bem-sucedida, e se torna ainda mais importante para as equipes remotas. Sem as interações face a face de um escritório, os líderes precisam ter a intenção de construir e manter a confiança. Vamos falar sobre como fazer isso. A criação de um ambiente de camaragem permitirá que os colaboradores conheçam melhor a pessoa por trás do colega de equipe, e isso trará inúmeros benefícios ao seu time.

Comunicação consistente: Manter os membros da equipe informados, compartilhando sucessos e contratempos, promove a transparência. Os check-ins regulares, tanto em toda a equipe quanto individualmente, podem ajudar a entender os desafios e as conquistas individuais.

Reconhecer e comemorar: Comemorar conquistas, grandes e pequenos, reforça a sensação de ser valorizado. Na ausência de interações físicas, esses reconhecimentos digitais desempenham um papel fundamental no aumento do moral. Kudo Cards[22], do Management 3.0, podem ser usados digitalmente para demonstrar apreço pelos esforços e conquistas dos membros da equipe.

---

[22] Appelo, Jurgen. "Kudo Cards: Nurture Intrinsic Motivation". Management 3.0, 2023. Web. 19 de novembro de 2023. https://management30.com/practice/kudo-cards/

Canais de feedback aberto: Incentive uma cultura em que o feedback regular, tanto para tarefas quanto para a dinâmica da equipe, positivo ou crítico, possa ser compartilhado sem medo e usado para identificar áreas de melhoria. Essa comunicação bidirecional pode ser fundamental para criar confiança, promover o crescimento e elevar o moral. O Health Monitor da Atlassian[23] ajuda a equipe a identificar os pontos fortes a serem explorados, bem como as áreas de desafio a serem melhoradas na dinâmica da equipe. Feedback Wraps[24] fornece uma maneira estruturada de dar feedback construtivo, o que pode ajudar a manter uma comunicação clara e eficaz.

Estratégias Para Desenvolver Habilidades De Liderança Remota

A liderança remota é uma habilidade como qualquer outra, e pode ser aprendida e aprimorada com a prática. Há certas estratégias que podem ser especialmente úteis no desenvolvimento de habilidades de liderança remota. Aqui está o que você pode fazer para continuar melhorando.

Aprendizado contínuo: O mundo digital está em constante mudança. Manter-se atualizado sobre as ferramentas, tecnologias e tendências mais recentes pode ajudá-lo a liderar com mais eficiência. Webinars, cursos on-line e até mesmo workshops digitais podem ser uma ótima maneira de aprender coisas novas.

---

[23] Atlassian. "Team Health Monitors". Atlassian Team Playbook, 2023. Web. 19 de novembro de 2023. https://www.atlassian.com/team-playbook/health-monitor

[24] Appelo, Jurgen. "Feedback Wraps". Management 3.0, 2023. Web. 20 de novembro de 2023. https://management30.com/practice/feedback-wraps/

Rede de pares: Conversar com outros líderes remotos pode ser incrivelmente benéfico para aprender sobre os desafios que eles enfrentaram e as estratégias que usaram para superá-los. Grupos de colegas, fóruns e comunidades dedicados à liderança remota podem ser recursos incríveis. Considere explorar os grupos do LinkedIn, as comunidades do Slack e o Reddit para encontrar discussões e recursos relacionados à liderança remota.

Autoconhecimento e reflexão: É importante saber no que você é bom e no que precisa trabalhar. Dedicar algum tempo para refletir sobre seus próprios pontos fortes e fracos pode ajudá-lo a identificar as áreas em que pode melhorar. Conversar com outras pessoas e obter feedback também pode ser útil.

Capacitar para capacitar: Uma das melhores maneiras de ajudar as pessoas a desenvolver habilidades de liderança é dar-lhes oportunidades de liderar, mesmo que seja por pouco tempo ou em um pequeno projeto ou iniciativa. Isso as ajuda a desenvolver confiança e lhes dá uma nova perspectiva sobre os desafios da liderança.

Liderar equipes remotas é um ato de equilíbrio delicado. É parte arte, parte ciência. Há desafios únicos a serem superados, mas também há oportunidades de criar um estilo de liderança mais inclusivo, empático e eficaz. No mundo do trabalho remoto, os líderes são mais do que simples guias. Eles também são motivadores, capacitadores e conectores. Eles constroem pontes sobre a distância.

CAPÍTULO 7: MOTIVANDO EQUIPES REMOTAS

As equipes remotas têm muitas vantagens: acesso a um pool global de talentos, flexibilidade e produtividade potencialmente maior. Mas trabalhar em casa pode ser difícil, especialmente no que diz respeito à motivação. Neste capítulo, exploraremos algumas estratégias para reconhecer e recompensar as conquistas, envolver as equipes virtualmente e evitar o esgotamento em um ambiente remoto.

Reconhecendo E Recompensando Conquistas

No mundo digital, onde não nos vemos tanto pessoalmente, é importante demonstrar apreço pelo trabalho árduo dos membros da equipe. Faça com que eles saibam que você vê as contribuições deles e que os valoriza. Sim, eles querem ser vistos e apreciados. Um pouco de reconhecimento pode ajudar muito!

Elogie em público: Utilize reuniões de equipe, newsletters informativas digitais ou canais de comunicação dedicados para fazer elogios e comemorar conquistas. Reconheça tanto as realizações individuais quanto os sucessos coletivos. Em grandes organizações, faça uso das plataformas de reconhecimento disponíveis para toda a empresa para amplificar o reconhecimento, mas se plataformas como essas não estiverem presentes, um e-mail bem elaborado é suficiente. O reconhecimento simples e sincero em um fórum público pode aumentar significativamente o moral e promover uma cultura de reconhecimento e respeito.

Prêmios personalizados: Vá além das recompensas de tamanho único. Adapte sua apreciação às preferências e interesses individuais. Por exemplo, para os membros da equipe que valorizam o aprendizado e o desenvolvimento, ofereça oportunidades como assinaturas de cursos on-line ou vouchers de e-books. Para aqueles que valorizam o tempo pessoal, considere a possibilidade de tirar mais tempo livre ou até mesmo um horário de trabalho mais flexível. Recompensas personalizadas mostram que você entende e se preocupa com os membros da sua equipe como indivíduos.

Oferecer oportunidades de crescimento: O reconhecimento não se trata apenas de recompensas; trata-se também de oferecer oportunidades de crescimento profissional. Identifique e ofereça chances para que os membros da equipe liderem projetos, colaborem em novas iniciativas ou participem de tarefas entre departamentos. Essas oportunidades não servem apenas como reconhecimento por suas capacidades, mas também os ajudam a progredir na carreira.

Atividades Virtuais Para Engajamento E Desenvolvimento De Equipes

Criar um senso de camaradagem e espírito de equipe em um ambiente remoto exige criatividade e intencionalidade. Na ausência de proximidade física, as atividades virtuais de formação de equipes tornam-se essenciais para formar esse conjunto chamado time. Essas atividades não só ajudam a quebrar a monotonia do trabalho, mas também desempenham um papel crucial na construção de relacionamentos e no aumento da coesão da equipe. Aqui estão algumas ideias para você:

Organização de coffee breaks virtuais e sessões sociais: Simples, mas eficazes, os intervalos virtuais para um cafézinho, o chá das cinco ou um happy-hour proporcionam um ambiente informal para que os membros da equipe se unam em conversas não relacionadas ao trabalho. Essas sessões programadas e casuais oferecem uma plataforma para compartilhar histórias pessoais, interesses ou simplesmente desfrutar de um bate-papo descontraído, contribuindo para um senso de comunidade dentro da equipe.

Envolver-se em desafios ou grupos de interesse on-line: Desafios de equipe, como clubes do livro virtuais, concursos de condicionamento físico ou sessões de jogos on-line, incentivam a colaboração e um pouco de competição amigável. Essas atividades não apenas oferecem uma pausa divertida, mas também promovem o trabalho em equipe e a comunicação em um ambiente agradável e de baixa pressão.

Sessões de compartilhamento de conhecimento: Capacite os membros da equipe a liderar sessões de "Lunch & Learn", nas quais eles podem compartilhar seus conhecimentos ou hobbies com o restante da equipe. Isso não apenas reconhece suas habilidades, mas também incentiva o aprendizado contínuo e o desenvolvimento pessoal. Pode ser desde workshops de habilidades profissionais até o compartilhamento de um hobby ou interesse pessoal, promovendo uma cultura de aprendizado e respeito mútuo.

Como Lidar Com Quedas De Moral E Prevenção De Burnout

Quando se trabalha em casa, pode ficar difícil separar a vida profissional da vida pessoal. Isso às vezes pode levar a desafios como manter o moral e evitar o esgotamento. Reconhecer e abordar esses problemas de forma proativa é fundamental para a saúde e a produtividade da equipe. Há muitas coisas que você pode fazer para ajudar a prevenir e tratar esses problemas, como estabelecer limites claros entre o trabalho e a vida pessoal e fazer pausas quando necessário. Se perceber que alguém da sua equipe está passando por um momento difícil, converse com essa pessoa. Se começar a sentir que está tendo dificuldades, converse com seu gerente ou com um colega de trabalho que você confia. Sempre há uma maneira de gerenciar melhor sua carga de trabalho e manter-se saudável.

Check-ins proativos para o bem-estar emocional: Os check-ins regulares e informais podem fornecer informações sobre o moral da equipe. Elas devem ser mais do que apenas atualizações de status do trabalho; são oportunidades para entender o bem-estar emocional e mental de cada membro da equipe. Promova uma cultura em que compartilhar os altos e baixos da vida seja normalizado, e os membros da equipe sintam-se à vontade para discutir seus desafios. Dê o exemplo - compartilhe suas próprias experiências e incentive conversas abertas.

Incentivar limites saudáveis: Promova e respeite os limites entre trabalho e vida pessoal para evitar o esgotamento. Incentive a sua equipe a definir horários de trabalho claros, fazer intervalos regulares e desconectar-se verdadeiramente após o expediente. Evite enviar comunicações relacionadas ao trabalho fora desse horário, a menos que seja absolutamente necessário. Ferramentas como agendamento de e-mail podem ajudar a enviar mensagens durante o horário de trabalho acordado, mesmo que você trabalhe nelas fora desse horário.

Acesso a recursos de saúde mental: Trabalhe com sua organização para disponibilizar recursos como programas de bem-estar, serviços de aconselhamento ou aplicativos de atenção plena. Deixe claro que o uso desses recursos não é apenas aceitável, mas também incentivado. Uma equipe que se sente apoiada em sua saúde mental tem mais chances de ser engajada e produtiva.

Promova folgas regulares: Assegure-se de que os membros da equipe tirem as férias a que têm direito para recarregar as baterias. Lembre-os regularmente da importância de tirar férias e dê o exemplo tirando suas próprias férias. Converse com os membros da equipe que não tiram férias há algum tempo para incentivá-los a planejar isso.

Ao enfrentar ativamente os desafios do trabalho remoto e priorizar o bem-estar mental e emocional da sua equipe, você pode promover uma força de trabalho mais saudável, motivada e resiliente. Reconhecer os sinais de esgotamento e tomar medidas para evitá-lo são responsabilidades fundamentais de um líder remoto e contribuem significativamente para o sucesso de longo prazo da equipe.

CAPÍTULO 8: GESTÃO DE DESEMPENHO EM EQUIPES REMOTAS

Gerenciar o desempenho de uma equipe remota não é simplesmente transpor os métodos tradicionais para um ambiente virtual. É necessário compreender as novas dinâmicas, ferramentas e formas de comunicação que garantam justiça, clareza e motivação. Este capítulo abordará as principais estratégias e metodologias para definir, monitorar e analisar o desempenho de equipes remotas, com o objetivo de garantir tanto a produtividade quanto o bem-estar.

Adaptando A Gestão De Desempenho Para Trabalho Remoto

Em um ambiente de trabalho remoto, as métricas de sucesso podem ser diferentes do ambiente de escritório convencional devido à dinâmica e aos desafios exclusivos do trabalho remoto. Portanto, a clareza dessas métricas torna-se essencial para evitar qualquer desalinhamento.

Por que os Indicadores de Desempenho são Diferentes

No âmbito do trabalho remoto, os indicadores de desempenho precisam de uma abordagem diferenciada em comparação com as métricas tradicionais no escritório, principalmente devido à dinâmica exclusiva intrínseca aos ambientes remotos. Em primeiro lugar, a ausência de presença física transforma a comunicação e a colaboração, tornando-as altamente dependentes de ferramentas digitais, alterando, assim, a forma como a dinâmica da equipe e as contribuições individuais são observadas e medidas. Os ambientes de trabalho diversificados dos funcionários remotos introduzem variáveis - que vão desde diferentes distrações até recursos variados - que afetam a produtividade e o envolvimento de maneiras que normalmente não são encontradas em ambientes de escritório. As equipes globais que trabalham em vários fusos horários aumentam ainda mais a complexidade, afetando a colaboração, a disponibilidade e os tempos de resposta.

O trabalho remoto, caracterizado por maior autonomia e flexibilidade, exige uma transição das métricas tradicionais de produtividade baseadas em tempo para aquelas que se concentram em produção e em resultados. Essa mudança enfatiza a importância do autogerenciamento e do desempenho orientado por metas. Além disso, a forte dependência da tecnologia para praticamente todos os aspectos do trabalho remoto traz a proficiência digital e o uso eficaz da tecnologia para o primeiro plano das métricas de desempenho. Por fim, o potencial do trabalho remoto de borrar as linhas entre a vida pessoal e profissional exige uma abordagem mais holística da avaliação de desempenho, que inclua métricas de bem-estar do funcionário e equilíbrio entre vida pessoal e profissional. Esses fatores, em conjunto, exigem uma reavaliação e adaptação dos indicadores de desempenho, garantindo que eles reflitam com precisão as realidades e os desafios do trabalho remoto.

Adaptando Indicadores de Desempenho ao Trabalho Remoto

Ao adaptar os indicadores de desempenho para o trabalho remoto, é necessária uma mudança fundamental das métricas tradicionais do escritório para aquelas adaptadas às nuances dos ambientes virtuais. A ênfase deve ser colocada na produção e na qualidade do trabalho, em vez de na mera atividade ou nas horas registradas, refletindo a maior autonomia e a natureza focada em resultados do trabalho remoto. O uso eficaz de ferramentas digitais para comunicação e colaboração torna-se crucial; portanto, as métricas devem ser projetadas para rastrear o envolvimento em reuniões virtuais, a capacidade de resposta e o uso proficiente de plataformas de colaboração. Dada a ausência de supervisão física, os indicadores também devem refletir a capacidade do funcionário de se autogerenciar, abrangendo aspectos como cumprimento de prazos, definição de prioridades e comunicação proativa.

A rápida evolução das tecnologias de trabalho remoto exige a inclusão da adaptabilidade e do aprendizado contínuo nas avaliações de desempenho, garantindo que os membros da equipe permaneçam ágeis e atualizados com as novas ferramentas e práticas. Além disso, considerando a possível sobreposição da vida pessoal e profissional em ambientes remotos, é fundamental integrar métricas de bem-estar, avaliando aspectos como satisfação no trabalho, saúde mental e o equilíbrio entre trabalho e vida pessoal. A eficácia da comunicação, especialmente em cenários assíncronos, é outra área importante a ser medida, com foco na clareza e na pontualidade da troca de informações. Para equipes dispersas globalmente, as métricas de desempenho devem ser sensíveis às diferenças de fuso horário, garantindo uma avaliação justa em todas as regiões. Essas métricas adaptadas não apenas medem o desempenho de forma mais eficaz em um contexto remoto, mas também contribuem para um ambiente de trabalho virtual mais favorável e produtivo.

Incorporação de OKRs e KPIs ao Trabalho Remoto

Ao adaptar os indicadores de desempenho para o trabalho remoto, a implementação de OKRs e KPIs desempenha um papel fundamental. Os OKRs em um contexto remoto são particularmente eficazes para alinhar os membros da equipe com metas organizacionais abrangentes, independentemente de sua localização física. Eles fornecem objetivos claros e mensuráveis que podem ser monitorados e revisados regularmente, garantindo que todos estejam trabalhando em prol de metas comuns. Por exemplo, um OKR para uma equipe de marketing remota pode ser aumentar o tráfego do site em 30% (objetivo), com resultados-chave que incluem um número específico de postagens de blog publicadas, um aumento percentual direcionado no engajamento de mídia social e um número definido de leads qualificados de marketing gerados.

Os KPIs, por outro lado, oferecem uma visão mais granular do desempenho e são cruciais em uma configuração remota em que os métodos tradicionais de supervisão não são viáveis. Os KPIs, como taxas de conclusão de projetos, índices de satisfação do cliente ou o número de tíquetes de suporte resolvidos, fornecem métricas tangíveis para avaliar o desempenho individual e da equipe. Esses indicadores ajudam as equipes remotas a manter o foco e a responsabilidade, oferecendo uma compreensão clara do que é sucesso em suas funções específicas. Em equipes remotas, é essencial escolher KPIs que reflitam genuinamente a qualidade do trabalho, em vez de apenas quantificar a produção. Por exemplo, em vez de simplesmente monitorar o número de chamadas de vendas feitas, um KPI mais significativo mediria a taxa de conversão dessas chamadas.

Ao integrar cuidadosamente OKRs e KPIs em estratégias de trabalho remoto, as organizações podem cultivar uma cultura focada e orientada a objetivos. A Atlassian desenvolveu um playbook[25] que você pode usar para definir OKRs com sua equipe. Essa abordagem não só aumenta a produtividade, mas também garante que os membros da equipe se sintam alinhados com a missão mais ampla da empresa e valorizados por suas contribuições, o que é especialmente importante em um ambiente de trabalho remoto, onde a desconexão física pode, às vezes, levar a uma sensação de isolamento.

---

[25] Atlassian. "OKRs (Objetivos and Key Results)." Atlassian Team Playbook, 2023. Web. 20 de novembro de 2023. https://www.atlassian.com/team-playbook/plays/okrs

Integrando Ferramentas de Gerenciamento de Desempenho no Trabalho Remoto

Com a mudança nos indicadores de desempenho adaptados ao trabalho remoto, o uso de tecnologia e ferramentas adequadas torna-se crucial para o acompanhamento eficaz do desempenho. Isso envolve a seleção e a implementação de soluções digitais que possam capturar com precisão as nuances da dinâmica do trabalho remoto.

Plataformas de gerenciamento de desempenho: Ferramentas como 15Five ou Lattice, conforme mencionado anteriormente, podem ser adaptadas para definir e monitorar objetivos em um contexto remoto. Essas plataformas podem facilitar check-ins regulares, acompanhamento de metas e coleta de feedback, alinhando-se aos indicadores de desempenho recém-estabelecidos.

Avaliação de proficiência digital: Em um ambiente remoto, a proficiência em ferramentas digitais é fundamental. Implemente ferramentas que possam ajudar a avaliar e aprimorar a comunicação digital e as habilidades de colaboração. Isso inclui medir envolvimento em reuniões virtuais, a capacidade de resposta às comunicações e o uso eficaz de plataformas de colaboração.

Métricas de autogerenciamento e autonomia: Utilize ferramentas de gerenciamento de projetos para monitorar as habilidades de autogerenciamento, como cumprimento de prazos, gerenciamento da carga de trabalho e priorização de tarefas. Essas ferramentas podem fornecer informações sobre a capacidade do funcionário de trabalhar de forma independente e manter a produtividade.

Bem-estar e equilíbrio entre vida pessoal e profissional: Incorpore ferramentas que ajudem a avaliar o bem-estar dos funcionários. Pesquisas, aplicativos de monitoramento do humor e programas de bem-estar podem fornecer dados valiosos sobre a satisfação no trabalho, a saúde mental e o equilíbrio entre o trabalho e a vida pessoal.

Eficácia da comunicação no trabalho assíncrono: Conforme mencionado anteriormente neste livro, para equipes que operam em diferentes fusos horários, as ferramentas que suportam a comunicação assíncrona tornam-se vitais. Implemente plataformas que possibilitem uma comunicação clara e com registro de data e hora, permitindo que os membros da equipe colaborem efetivamente apesar das diferenças de horário.

Revisões e adaptações regulares: No cenário em constante evolução do trabalho remoto, é importante revisar e atualizar regularmente as ferramentas e métricas que estão sendo usadas. Isso garante que elas permaneçam relevantes e meçam efetivamente o que mais importa em seu ambiente de trabalho remoto.

A adaptação do gerenciamento de desempenho às necessidades específicas do trabalho remoto requer uma seleção criteriosa de ferramentas e um entendimento profundo das novas métricas de desempenho. Ao utilizar a tecnologia certa, os líderes podem garantir uma avaliação justa, precisa e significativa do desempenho da equipe, promovendo uma cultura que valoriza os resultados, a autonomia e o bem-estar.

Fornecendo Feedback Construtivo E Tratamento De Problemas De Desempenho

Em um ambiente de trabalho remoto, fornecer feedback construtivo e tratar de problemas de desempenho exige uma abordagem cuidadosa e empática. Trata-se de promover uma atmosfera em que o feedback seja visto como uma ferramenta de crescimento e aprimoramento, e não como uma crítica.

Sessões de Feedback Estruturadas e Regulares

Estabeleça uma rotina de sessões de feedback programadas que vão além das simples avaliações de desempenho. Essas sessões devem ser estruturadas, mas abertas, permitindo uma conversa de mão dupla. Comece reconhecendo as realizações e, em seguida, aborde as áreas que precisam ser melhoradas. Esse equilíbrio ajuda a estabelecer um tom positivo e construtivo.

Enfatize as conquistas: Comece as sessões de feedback reconhecendo realizações específicas do membro da equipe. Isso não apenas estabelece um tom positivo, mas também reforça as boas práticas e os comportamentos.

Feedback construtivo orientado para a ação: Ao abordar áreas que precisam ser melhoradas, seja claro e específico. Forneça conselhos ou medidas práticas que o membro da equipe possa adotar. Evite críticas vagas; em vez disso, concentre-se em comportamentos e resultados observáveis e discuta maneiras práticas de melhorar.

Incentivar o diálogo: Permita que os membros da equipe compartilhem suas perspectivas. O feedback deve ser um diálogo, não um monólogo. Incentive-os a discutir os desafios que enfrentam e ofereça apoio para encontrar soluções.

Como Lidar com Problemas de Desempenho com Sensibilidade

Ao lidar com problemas de desempenho, é importante ser particularmente sensível e compreensivo. Aborde a conversa com a intenção de entender e apoiar, em vez de repreender.

Concentre-se no problema, não na pessoa: Aborde o problema específico em questão, em vez de falar sobre as capacidades gerais da pessoa. Discuta o impacto do problema e explore soluções em conjunto.

Forneça metas claras e mensuráveis para aprimoramento: Ao estabelecer expectativas de aprimoramento, certifique-se de que sejam claras, alcançáveis e mensuráveis. Ofereça-se para fornecer os recursos ou o suporte necessário para atingir essas metas.

Acompanhamentos regulares: Depois de resolver um problema de desempenho, agende acompanhamentos regulares para discutir o progresso. Isso demonstra seu compromisso com o crescimento do funcionário e oferece uma oportunidade de fazer mais ajustes, conforme necessário.

O feedback em um ambiente remoto deve ser um processo contínuo, com o objetivo de orientar e apoiar os membros da equipe. É uma ferramenta essencial não apenas para manter o desempenho, mas também para criar confiança e um senso de valor entre a equipe. O feedback eficaz leva a uma equipe remota mais engajada, motivada e com alto desempenho.

CAPÍTULO 9: CONSTRUINDO CULTURA ORGANIZACIONAL EM EQUIPES REMOTAS

A importância da cultura organizacional não se limita aos estabelecimentos físicos. Uma cultura forte e vibrante pode ser a espinha dorsal das equipes remotas, estimulando a motivação, a colaboração e o sentimento de pertencimento. No entanto, a curadoria dessa cultura sem as nuances das interações físicas é de fato um desafio. Este capítulo esclarece as estratégias para definir, promover e celebrar uma rica cultura de trabalho remoto.

Definindo E Implantando Valores E Missão Em Equipes Remotas

A cultura é construída sobre os elementos fundamentais dos valores e da missão de uma organização. Mesmo em um ambiente remoto, eles continuam sendo a estrela guia, orientando ações, decisões e interações. A cultura é construída sobre a base dos valores e da missão de uma organização. Mesmo trabalhando remotamente, eles continuam sendo a luz que orienta nossas ações, decisões e interações.

Realização de sessões interativas de valores: Promova uma compreensão e um envolvimento mais profundos com os valores da empresa por meio de workshops virtuais interativos. Incentive discussões abertas sobre como esses valores se relacionam com cada membro da equipe e podem ser traduzidos em práticas diárias de trabalho remoto. Utilize salas de apoio para discussões em grupos menores e volte a se reunir para compartilhar percepções com o grupo maior. Essa abordagem não apenas reforça os valores, mas também permite que os membros da equipe contribuam para sua interpretação e implementação.

Manter a visibilidade dos valores e da missão: Use ferramentas digitais de forma criativa para manter a missão e os valores da empresa em primeiro plano. Isso pode incluir incorporá-los em fundos virtuais durante reuniões, incorporá-los em assinaturas de e-mail ou apresentá-los em uma seção dedicada na intranet da empresa. Comunique regularmente histórias e exemplos que demonstrem esses valores em ação na empresa.

Integração de valores na contratação e na integração: Durante o processo de contratação, avalie os candidatos quanto ao alinhamento com os valores de sua organização. Incorpore perguntas baseadas em valores nas entrevistas e use cenários para entender como os candidatos podem incorporar esses valores. No processo de integração, dedique tempo para discutir os valores e a missão da empresa, ilustrando-os com exemplos reais de como eles são vivenciados na organização.

Ao definir e integrar os valores essenciais e a missão em todas as facetas do trabalho remoto, os líderes podem criar uma cultura forte e coesa que transcende as barreiras físicas. Essa base cultural se torna uma fonte de orientação, motivação e união para toda a equipe remota.

Promovendo O Senso De Comunidade E Pertencimento

Na ausência de um espaço de trabalho físico, criar um senso de comunidade e pertencimento requer estratégias inovadoras que vão além das interações no trabalho. Aqui estão algumas ideias para serem implementadas com sua equipe:

Organização de eventos sociais virtuais: Eventos sociais virtuais programados regularmente, como coffee breaks on-line, happy hours ou noites de jogos, oferecem oportunidades valiosas para os membros da equipe se conectarem em um nível pessoal. Considere revezar a responsabilidade de organizar esses eventos entre os membros da equipe para introduzir variedade e inclusão. Atividades como quis on-line, salas de escape virtuais, ou jogos on-line como Geoguessr e Pictionary podem ajudar a quebrar o gelo e desenvolver relacionamentos.

Incentive conexões mais profundas: Crie espaços onde os membros da equipe possam compartilhar voluntariamente histórias pessoais, hobbies ou interesses. Isso pode ser feito por meio de um canal dedicado em sua plataforma de comunicação ou de um segmento regular nas reuniões de equipe. Comece compartilhando suas próprias experiências para definir o tom e incentivar a participação dos outros.

Projetos alinhados com propósitos pessoais: Promova um sentimento de pertencimento ao conectar os membros da equipe com tarefas ou projetos que se alinhem com seus interesses pessoais ou aspirações profissionais. Isso pode envolver permitir que os membros da equipe proponham ou liderem projetos especiais que estejam fora de suas funções regulares, mas que contribuam para as metas da equipe ou da empresa. Por exemplo, um membro da equipe apaixonado por sustentabilidade poderia liderar uma iniciativa sobre práticas ecologicamente corretas dentro da empresa. Incentivar esses esforços não só aumenta o engajamento, mas também permite que os membros da equipe mostrem e desenvolvam seus talentos e interesses exclusivos, aumentando seu senso de conexão com a equipe e a empresa.

Reconhecimento dos membros da equipe: Reconheça e comemore regularmente as conquistas da equipe e os marcos individuais. Isso pode ser feito por meio de mensagens virtuais, agradecimentos personalizados ou até mesmo pequenos presentes enviados para suas casas. Certifique-se de comemorar uma gama diversificada de realizações, desde conquistas relacionadas ao trabalho até marcos pessoais, como aniversários ou datas comemorativas.

Criação de um espaço de trabalho confortável: Considere oferecer suporte para a criação de espaços de trabalho domésticos confortáveis e eficazes. Isso pode ser feito na forma de uma bolsa de escritório em casa, recomendações de móveis ergonômicos ou até mesmo o envio de materiais de escritório de marca. Incentive os membros da equipe a personalizar seus espaços de trabalho e compartilhar suas configurações, promovendo um senso de individualidade e conforto.

Ao promover ativamente as conexões pessoais e o senso de pertencimento, as equipes remotas podem transcender as distâncias físicas para criar uma comunidade coesa, solidária e engajada. Esse sentimento de pertencimento não apenas aprimora a dinâmica da equipe, mas também contribui para o bem-estar individual e a produtividade coletiva.

Comemorando Conquistas E Marcos Da Equipe Virtualmente

Em uma equipe remota, reconhecer e comemorar as conquistas é fundamental para manter o moral e promover um senso de unidade. As comemorações virtuais podem ser tão significativas quanto as presenciais, quando bem planejadas.

Destaque histórias em reuniões virtuais: Durante as reuniões virtuais regulares ou encontros dedicados da equipe, reserve um tempo para destacar realizações significativas da equipe ou contribuições individuais. Isso pode incluir uma breve apresentação da equipe ou do indivíduo, compartilhando sua jornada, desafios e sucessos. Você também pode criar um espaço dedicado, como uma seção na intranet da empresa ou uma newsletter especial, onde as histórias de sucesso e os destaques sejam compartilhados. É uma forma de não apenas comemorar, mas também de aprender com as experiências uns dos outros.

Programas de reconhecimento entre pares: Implemente um programa de reconhecimento entre pares em que os membros da equipe possam indicar uns aos outros para receber prêmios ou reconhecimentos. Isso pode se basear em vários critérios, como inovação, colaboração ou solução de problemas. Também é possível criar crachás ou certificados virtuais personalizados para os vencedores exibirem em seus perfis ou assinaturas de e-mail. Esse reconhecimento entre colegas promove uma cultura de apoio e incentiva os membros da equipe a reconhecerem os esforços uns dos outros.

Cápsulas do tempo virtuais: Crie uma cápsula do tempo virtual para a conclusão de projetos importantes ou comemorações anuais. Os membros da equipe podem contribuir com previsões, metas ou mensagens para seus futuros "eu" e colegas. Defina uma data para reabri-la, como no próximo ano ou após um marco significativo, para uma comemoração retrospectiva exclusiva.

Almoço/Jantar em equipe usando gift cards: No ambiente tradicional do escritório, a comemoração de uma grande conquista ou marco geralmente envolve sair para um almoço ou jantar em equipe. Por que não recriar essa experiência para a sua equipe remota? Para sua próxima grande comemoração, considere enviar aos membros da equipe cartões-presente de um serviço de entrega de comida. Incentive todos a pedir sua refeição favorita no restaurante local de sua preferência. Em seguida, agende um almoço ou jantar virtual em que os membros da equipe possam saborear suas refeições juntos por meio de uma chamada de vídeo. Isso não apenas dá a todos a chance de se deliciarem com suas comidas favoritas, mas também cria uma oportunidade para conversas informais, risadas e experiências compartilhadas, como em um jantar real. Essa ideia não apenas comemora a conquista, mas também respeita os gostos individuais e apoia as empresas locais, ao mesmo tempo em que estimula a união da equipe de uma forma única e agradável.

Criar uma cultura em uma equipe remota é um processo interminável que exige criatividade, comprometimento e colaboração. Mas o resultado é uma equipe coesa e motivada, unida por valores, aspirações e um senso de pertencimento compartilhados, apesar das barreiras da distância física.

CAPÍTULO 10: O FUTURO DO TRABALHO REMOTO

Gostaria de concluir este livro abordando brevemente o futuro do trabalho remoto. Embora alguns digam que o futuro é incerto, é improvável que o impulso que o trabalho remoto ganhou nos últimos anos diminua. Veja abaixo algumas ideias do que o futuro reserva para você em termos de trabalho remoto.

Tendências E Mudanças Previstas Na Cultura Do Trabalho Remoto

Adotando modelos híbridos: O futuro está vendo um aumento nos modelos híbridos em que os funcionários dividem seu tempo entre a casa e o escritório. Essa abordagem oferece a flexibilidade do trabalho remoto com os benefícios colaborativos da interação no escritório. No entanto, ela também traz desafios únicos, como manter a coesão da equipe e garantir a equidade entre os funcionários remotos e os que trabalham no escritório. As empresas precisarão desenvolver estratégias de comunicação inclusiva, engajamento equilibrado e integração perfeita de ferramentas que suportem ambos os ambientes.

Globalização e equipes diversificadas: Como as organizações continuam a se expandir globalmente, o trabalho remoto facilitará a formação de equipes verdadeiramente internacionais. Essa tendência de globalização apresenta uma oportunidade extraordinária de colaboração intercultural, trazendo uma rica mistura de perspectivas e ideias. Entretanto, também exige que as empresas enfrentem desafios de coordenação de fuso horário, sensibilidades culturais e estilos de comunicação. As organizações bem-sucedidas serão aquelas que adotarem o treinamento em diversidade e promoverem uma cultura inclusiva que valorize e aproveite essas diferenças globais.

Ferramentas de colaboração avançadas: A evolução das ferramentas de trabalho remoto deve se acelerar, principalmente com os avanços da IA. As ferramentas futuras provavelmente oferecerão recursos mais sofisticados para colaboração, gerenciamento de projetos e suporte à tomada de decisões. À medida que a IA se torna mais integrada a essas ferramentas, as equipes remotas se beneficiarão da eficiência aprimorada e dos insights orientados por dados. No entanto, isso também significa que manter-se tecnologicamente apto e continuamente aprimorado se tornará imperativo para os trabalhadores remotos.

Desenvolvimento de habilidades em um contexto remoto: À medida que o trabalho remoto se tornar a norma, a demanda por habilidades específicas para navegar nesse ambiente aumentará. Há um foco emergente em habilidades que facilitam o trabalho independente e a colaboração eficaz em equipes virtuais. Habilidades como alfabetização digital, autogerenciamento, comunicação remota e colaboração virtual serão altamente valorizadas. Além disso, com a crescente conscientização da importância do bem-estar mental e emocional em ambientes remotos, espera-se que as empresas invistam mais em programas holísticos de bem-estar. Esses programas provavelmente irão além da saúde física, abrangendo suporte mental e emocional, gerenciamento de estresse e iniciativas de equilíbrio entre vida pessoal e profissional.

Evolução da legislação e dos benefícios do trabalho remoto: A crescente prevalência do trabalho remoto provavelmente levará a uma nova legislação e à reestruturação dos benefícios dos funcionários. Podemos prever que mais países implementarão vistos de "nômade digital" e outras estruturas legais para acomodar o número crescente de pessoas que trabalham remotamente. Além disso, à medida que o trabalho remoto dilui as fronteiras geográficas, pode haver novos desenvolvimentos em leis tributárias, direitos trabalhistas e benefícios adaptados especificamente para trabalhadores remotos. As empresas precisarão navegar por essas mudanças, garantindo a conformidade e, ao mesmo tempo, oferecendo pacotes de benefícios competitivos e relevantes para sua força de trabalho remota.

O futuro da cultura do trabalho remoto é caracterizado por uma combinação de avanços tecnológicos, prioridades de desenvolvimento de habilidades e estruturas legais em evolução. As organizações e os indivíduos que se mantiverem informados e adaptáveis a essas mudanças estarão bem equipados para prosperar no cenário dinâmico do trabalho remoto.

Adotando A Evolução Contínua Da Dinâmica Do Trabalho Remoto

O cenário do trabalho remoto está em constante mudança, apresentando novas oportunidades e desafios. Para prosperar nesse ambiente, é fundamental que tanto as organizações quanto os funcionários adotem a flexibilidade e a adaptabilidade como competências essenciais.

Compromisso com o aprendizado ao longo da carreira: Os rápidos avanços tecnológicos, especialmente com a integração da IA às ferramentas de trabalho, exigem uma cultura de aprendizado contínuo e atualização de habilidades. Os funcionários devem ser incentivados a atualizar regularmente seus conjuntos de habilidades, e as organizações devem facilitar e apoiar essa jornada de aprendizado. Essa abordagem é essencial não apenas para acompanhar o ritmo das novas tecnologias, mas também para promover a inovação e a criatividade em um ambiente de trabalho remoto.

Abordagem iterativa com feedback regular: Os ciclos regulares de feedback se tornarão cada vez mais vitais em ambientes de trabalho remoto. As organizações precisam estabelecer sistemas robustos de feedback e iteração contínuos, abrangendo aspectos desde os processos de trabalho até o bem-estar dos funcionários. Essa abordagem permitirá adaptações rápidas e garantirá que as estratégias de trabalho remoto permaneçam eficazes e relevantes.

Políticas flexíveis e dinâmicas: A natureza fluida do trabalho remoto exige políticas que possam evoluir à medida que as circunstâncias mudam. As organizações devem estar preparadas para revisar e adaptar regularmente suas políticas, incluindo horas de trabalho, normas de comunicação e benefícios para os funcionários. A flexibilidade dessas políticas será fundamental para acomodar as diversas necessidades de uma força de trabalho remota global.

Envolvimento com a comunidade remota global: É de grande valor manter-se conectado com a comunidade mais ampla de trabalho remoto. Essa comunidade é uma fonte rica de percepções, experiências e práticas recomendadas em evolução. O envolvimento com essa rede por meio de fóruns, mídias sociais e grupos profissionais pode fornecer lições e estratégias valiosas para otimizar o trabalho remoto.

Maior foco na segurança cibernética: À medida que as equipes remotas se tornam mais dispersas, é fundamental garantir a segurança dos dados e sistemas da empresa. O uso crescente de IA e de outras tecnologias avançadas por agentes mal-intencionados significa que a segurança cibernética deve ser uma prioridade máxima. Investir em protocolos de segurança robustos, treinamento regular para os funcionários e ficar atualizado das ameaças cibernéticas emergentes será crucial para proteger informações confidenciais.

O futuro do trabalho remoto exige um compromisso contínuo com o aprendizado, a flexibilidade e o gerenciamento proativo de mudanças. As organizações e os funcionários que forem ágeis, abertos a feedbacks contínuos e prontos para adotar mudanças estarão mais bem posicionados para ter sucesso nesse ambiente de trabalho em evolução.

Sobre o autor

Alberto Cardinalli é um executivo sênior de tecnologia, com uma carreira que abrange mais de duas décadas, onde aprimorou sua experiência em alavancar a tecnologia para impulsionar a inovação e cultivar equipes globais de alto desempenho. Com uma profunda paixão por automação, inteligência artificial e software como serviço (SaaS), Alberto tem o dom de traduzir necessidades de negócio complexas em soluções claras e abrangentes que maximizam a eficiência e a produtividade e elevam a experiência do cliente.

Sua carreira internacional inclui cargos importantes no Brasil, Canadá e Estados Unidos, destacando sua habilidade em gerenciar e liderar diversas equipes globais na América do Norte, América do Sul, Europa e Ásia. Sua experiência vai além do mundo corporativo, passando por co-fundador da MobiView em São Paulo e cargos técnicos em startups na América do Norte, demonstrando seu espírito empreendedor e sua capacidade de impulsionar o crescimento dos negócios.

Em termos educacionais, Alberto é bacharel em Ciências da Computação pela Universidade Católica de Santos, Brasil. Seu envolvimento no Programa de Iniciação Científica no Laboratório de Microeletrônica da Universidade de São Paulo (USP) estabeleceu a base para sua extensa carreira em tecnologia.

Em "Liderança a Distância: Guia Prático para Excelência em Equipes Remotas de TI", Alberto traz à tona sua vasta experiência e percepções, oferecendo uma orientação inestimável para os líderes que navegam pelas complexidades do gerenciamento de equipes remotas no setor de tecnologia. Seu livro é um reflexo de seu compromisso com a excelência, a inovação e a liderança empática no cenário em constante evolução da tecnologia e do trabalho remoto.

www.ingramcontent.com/pod-product-compliance
Lightning Source LLC
Chambersburg PA
CBHW050109230526
45470CB00004B/1746